# 老いを生きる暮しの知恵

南和子

筑摩書房

# まえがき

私は現在七十代の後半にさしかかっている。「ああ、年をとってきた」声には出さなくとも、一日に何十ぺんも自分で自分に言いながら暮らしている。

振り返ってみると、その言葉は五十代の半ばから口にしはじめ、六十代には、日常生活の中でこれまでに想像もしなかった出来事に一つずつ過剰に反応して落ち込んでいた。

六十四歳のとき、大きく腰を痛めて、その後三か月くらい起き上がるのも難しい状態になったのも、「老い」を自覚せずに、あせるような気持ちで、目の前の仕事を無理してやろうとしたためであった。そうした失敗を何度か繰り返した。

けれども、七十代に足を踏み入れたころから「老い」を素直に受け入れるようになってきた。

一つには、体の動きが鈍くなったこともあって、なにをするにも、スローになってきている。

でも、過去を振り返って、「あのときはできたのに！」と、未練がましく思うよりも「年をとってきたからこそ見えてくるものがあるのでは……」と考えられるようになった。

たとえば「もの忘れ」が多くなってきたが、いたずらに落ち込むのではなく、そのことによって、自分も困らないように、ほかの人にも迷惑をかけないようにするには、今の私にどんな方法があるのだろうかと考えるゆとりができてきた。

それに加えて、自分で何もかもしようと思っても、もうそれはできない。そういう状況になってきていることを素直に受け入れて、周りの人にお願いするようにもなってきた。その場合、頼まれた人がやってあげようと思える頼み方を身につけることが、今の私には大切である。

毎日、単調な生活を繰り返せること、そのことがしあわせなのである。昨日できたのだから今日もやってみようとする。それを心がけて暮らしてはいるが、いつかは、昨日できたことが今日できなくなっても、それは仕方がない。あきらめではなくて、素直に現実を受け入れることも身につけておかなくてはならない。そういう暮しの中に思わぬいいこと、それは小さなことでも、私の心に温かさを灯してくれるものが身近にあることにも気がついてきた。

やはり、六十代の老いと七十代の老いは違うのだ。

七十代と一口に言っても、人それぞれである。それまでのその人の歴史というか、健康上の問題はもちろん、家族関係や経済問題も含めて、違った道を歩いている。

たとえば私の場合、夫との二人暮しであるが、実のところ私の腰はかなり悪く、日常の家事にも支障を感じるようになってきている。だが今のところ夫は元気で、車も運転してくれ、私のほうが何かにつけて世話をしてもらっている。それだけに、私のほうが甘えすぎて、やってくれることを当たり前と思いがちであるが、それに流されてはいけないと自分自身をいましめている。

だが、読者の中にはすでに連れ合いを亡くされた方もいるだろうし、私と違ってまだ元気で、日常生活にはとくに不自由を感じていない人もいるだろう。あるいはもっとずっと不自由な体で、なんとか日常を送られている方もいるかもしれない。

そうした背景の違いはしかたがなくとも、ものの考え方、日常の過ごし方ひとつで、大きな違いが出てくることも、少しずつわかってきた。そのことをこの本に書いたつもりである。

実は一昨年の夏ごろから体がなんとなくこわばり始めた。そこに無理を重ねたため、私の体は二度目のひどい腰痛を起こし、再び数か月は起き上がることもままならなくなった。今はだいぶ回復してきてはいるが、すでに私の体は杖をつかなくては歩けなくなってきている。そうしたことになったいきさつや自分の体の状態など、ちょっと書きにくいことも思い切って書いたつもりである。

けれども逆に、年をとってからわかる幸せもある。そうした私のくふうと経験が少しでも読者の役に立てば嬉しい。

南　和子

二〇〇七年二月

■目次■

## 2　親の生活、子の生活　49



## 3　何よりも身体が大切　83

**本文中の写真**：
水川繁雄：p. 123、229
金田理恵：扉、p. 31、48、57、99、110、197、257

# 老いを生きる暮しの知恵

# 1

# 「物忘れ」と身じまいのこと

# 書き出すことで忘れない　洗濯や外出の予定

いつ頃からだろうか。

布団カバーやシーツを、いつ洗ったのか思い出せなくなってきた。

わが家では、一日着た肌着類は毎日洗濯機に入れるが、シーツ類、パジャマなどは、ほぼ週一回洗うことにしてこれまでやってきた。

ところが、この一年、その週一回くらいという間隔について、記憶があいまいになってきたのである。

そこで、半年ほど前だったか、夫が、

「この頃、いつ洗ったかわからなくなってきたから、表を作ろう」と言い出し、A4くらいの横罫《よこけい》の紙を使って表を作った。まず縦に半分にして、右を夫、左を私と分けた。わが家の洗濯機では、シーツは一度に一枚しか洗えないからである。

そして表の上欄に定期的に洗濯すべき品名——たとえばシーツ、肌掛け布団カバー、枕カバー、パジャマなどと書き、左端の上から1から31まで日付を入れる。つまり一か月一枚を使うことになる。できる方はパソコンで作ってもいいし、市販のレポート用紙などを買ってきてもいい。市販の紙を使う場合は罫の数が31以上あるかどうか確かめて買うようにする。

二人の寝室にある開き戸棚の扉の裏側に、その表は貼ってある。洗濯はわが家では夫の仕事なのだが、朝起きて、夫がその表を見ながら洗濯するものを決め、その日洗うものの品名と日付のクロスする欄に○をつける。これで、今日は何を洗うか迷ったり、かたよって洗わないですむようになった。だが七十五歳になるまで、このような表を作るなど考えたこともなかった。

洗濯物だけではない。私たちが最も気をつけているのは、病院も含めて、他人とかかわりのある約束、日程についても忘れないようにすることである。

まず、なにかの約束が決まったところで、予定をリビングの電話の上にあるカレンダーと自分で持ち歩いている手帳の両方に書き込む。

わが家の食堂兼リビングにある電話機のすぐ上のカレンダーは月めくり形式で、それぞれの日の欄、三センチ角のスペースに一日の予定が書き込める。

私は、毎週水曜日に温水プールでT先生にリハビリの指導をしてもらっている。私の予定の中ではそれが最も大切なので、月が替わると、まずその予定を書き込む。これは、レッスンの前後に夫に車で送り迎えをしてもらっているため、私だけでなく、夫にも予定を空けておいてもらう必要があるからだ。

そのことは夫もわかってくれていて、だれかと約束をするときにも、まず「ぼくは水曜日はダメですから」と言ってくれている。

次に大事なものが、夫も私も、医者の予約の日である。そのほか、夫はかつての職場で働いた人たちと月に一回とか二回程度、新宿まで出かけて碁を打ったり、マージャンをしたりしている。

私も、友人やら編集者と会ったり、地方から久しぶりに上京してくる昔のクラスメートと会う約束をしたりするときも、そのカレンダーを見ながら電話で日を決めることにしている。

そのカレンダーには、身内の人だけでなく、親しい友人の誕生日も書いてある。こうした自分の予定も、誰かとの約束、そして身内や親しい人の誕生日も、かつては常に持ち歩いている小さな手帳に書いておけば、それで忘れることはなかったのだが、いまは違う。「エッ！」ということが起こり始めている。

予定を忘れて人に迷惑をかけたり、忘れたことで落ち込んでしまったりしないように、それを毎日のように見て、夫と口に出してお互いに何度も確認しあっている。

たとえば時刻と場所はカレンダーに書いてあっても、何時に家を出るつもりなのかとか、帰宅は何時くらいになるか、などである。二人とも耳が少しずつ遠くなってきているので、

「来週の○曜日は、あなたの予定はどうでしたかしら。××に行くと書いてあるけれど……」

というような質問を、お互いに聞き返しながら交わしている。

もちろん、初めの頃は、聞き返されて（えっ、また同じことを言うの）と心の中で思い、それが声にも出たが、いらついたり、とげとげしい声を出すだけ楽しくなくなるとわかってきた。

だから、どちらも「エーッ、また！」とか「さっき言ったでしょう！」などとは言わない。丁寧なふつうの声で何度でも同じことを繰り返す。私は、「また聞いてごめ

んなさい」と言っているつもりだが、夫に聞こえているのかどうか。

だが、聞き返すことを気にするよりも、忘れていないかどうか念を押すほうがよいと思っている。本当に忘れてしまうようになったらたいへんであるが、先のことは考えない。

なによりも、だれかと会う約束をすっぽかしたりするほうが、私たちにとっては怖い。

最近は、他人との約束に対して、たとえ相手に少々うるさいと思われても、忘れたり、間違えて思い込んだりしないように、一日前に電話かメールをいれて確認するようにし始めた。

そのほかに私は、医者の予約などを忘れないようにする手段の一つとして、毎日のように行く喫茶店では、まず手帳を取り出して今日の予定を見ることにしている。

もちろん、こうしたことは自分の家でもできなくはないだろうが、心を落ちつけて一日を考えることは、私にとって大切な時間となっている。

# 何によらず日付けを入れる

久しぶりに、以前近所に住んでいた森川さんから葉書がきた。特別の用事がなくても、ふと私のことを思い出して、今は仙台にいる彼女が便りを書いてくれるのはうれしい。

それだけに、事務的にすぐに返事を書くよりはと、状差しの手前にその葉書を入れて、なんと返事を書こうかと考えていた。

その後、身内の一人が入院したり、私の体調が悪くなったりで、十日以上もたってしまった。

思い出して彼女の葉書を取り出して、さていつもらったんだっけ、と確かめてみると、差し出した日を書いてない。郵便局のスタンプの日付けもかすれていて読めない。

この場合はそれほど重要なことではないが、これからは、受け取った郵便物に差し出した日付けがないときには、私が受け取った時点で日付けを書き入れるクセをつけようと思った。もちろん、私の方から出す手紙類には、以前から日付けを入れている。

郵便物に限らず、この一年くらい、これはいつ書いたものだろうかとか、いつ買ったものかなど、思い出せなくて困ることが出てきた。

たとえば、菓子などの食料品でも、賞味期限が表示されているものはよいが、近所の小さな店の一個売りの菓子や、一尾売りの魚の干物など、冷蔵庫に入れて保存しておくものは、買った日付けを入れておいたほうがよい。

半透明のビニール袋に入れて冷蔵庫にしまい、十日以上経って気がついたときなどがそうである。なににによらず、買ってきてすぐにマジックペンなどを使って、袋に買った日を書いておけばよかったと後悔する。

以前は、どんな状況のとき買ったかということを、その品物を見れば思い出せたのに、この一、二年は、二、三日前のことでもおぼろげになってきている。だから、干物を取り出して、それを見ながらしばし考えるのだが、昨日ではないのははっきりしているけれど、三日前か一週間前か思い出せないことが出てきた。

たとえば、この本にしてからがそうである。

私の場合、書き下ろしで本を書く場合、これまでも、二百字詰の原稿用紙で七、八枚から十五、六枚くらいを一区切りにして、それをいくつか書いて章を作ってきたが、これまでは、原稿に書いた日付けを入れる必要を感じなかった。

最近は、筆の進みが遅いせいもあるのかもしれないが、本のテーマに沿って、ふと思いついたアイデアとか、昔のことを思い出したとき、手元の原稿用紙に二、三枚でも書いておく。そういうものが、今年の春に書いたものか、昨年の秋だったのか、思い出せないことが起こり始めた。それに気がついて、書き出しに必ず日付けをいれることにした。

それからは、メモ用のノートにしろ、文庫本にしろ、またちょっとした道具でも、なににによらず買った日付け、または使い始めた日時を意識して入れるようにしている。

友人や近所の人が、ちょっとした菓子やふりかけ、しらす干しなどを、おいしいからと小さな袋に入れてくださったときも、すぐに食べ終わらないものには日付けを入れるようにした。ところが最近のことなのだが、「あれっ、どなたにいただいたのかしら」と、すぐには思い出せないことも起こり始めた。これからは日付けのついでに、名前も書こうと思っている。

調味料なども、使用量が減ってきたので、なるべく小さな単位で買うようにしているが、ものによっては、一年で使い終わらない場合もある。しょう油やダシの素のようなものは、小さいビンに小出しにしてガス台の横に並べてあるが、元のビンは、たとえ冷蔵庫に入れてあっても、これも日付けを入れたほうがよい。夏を越して一年経つのはよくないと思っている。

品名を挙げるときりがないが、衣類にも買った日付けを入れる必要を感じ始めている。たとえばブルーのカーディガン。何枚か持っているが、三年前に買ったものか、昨年買ったものか迷うことがあるのだ。たとえシンプルなデザインでも、何年か前のものは、どことなく野暮ったい感じがする。あれ、いつ買ったんだっけ？　と思うのだが思い出せない。年をとっても、流行に対して少しは関心を持っていたい。これも首の後ろについているラベルのところに購入の年月日を小さく入れておけばよい。

年をとるまでは気がつかなかったが、若いうちは日常の暮しの中の細かなことをいちいち覚えておこうと意識しなくても、周りの情景まで鮮明に頭に入っていた。ところがこの一、二年は、ついさっきの電話まで「あれっ！　だれだったか……」落ち着いてよく考えるとやっと名前が出てくる、ということまで起こる。

だが、いたずらにいらいらしたり落ち込んだりせず、日付けを入れるという、ちょっとしたことをこまめにしていくことでストレスをなくしていこう。

そのために、日付けを気軽に書き込めるように、細書きのマジックペンと少し短くなった鉛筆を、台所や食卓の横に置くことにした。それを、スプーン、フォーク、箸立てなどの容器の横の空いているところにも立てた。

それで発見したのだが、リンゴやミカンなどの果物の皮、キャベツやレタスの芯のところにも、日付けを入れることを思いついた。年をとると一回に食べる量が非常に少なくなっている。だからリンゴもできれば一個売りを買っているが、時として四つで○○円とあって、一個当たりがそうとう安いので思わず買ってしまうことがあるのだ。

だが、リンゴ一個を三、四回にわけて、それを夫と半分ずつにして食べているので、時にはかなり前のものが残ってしまうこともでてくる。日付けがあれば、十日以上経ったものは、煮リンゴなどにして使ってもよい。

そうしていくことで、食中毒など不慮の事故なども防げるのではと思っている。

# 家の中のあちこちにあると便利なもの

年をとると、元気なころには気がつかなかったこと、必要もなかったものが重宝してくることが、いろいろ出てくる。

その中で、私が実行してよかったと思うものをいくつか書き出してみた。

## 化粧水をあちこちに置く

秋から冬、春にかけて空気が乾いてくると、肌が乾燥してうるおいがなくなってくる。老人性乾燥肌というか、顔や体がかゆくなる人が多いのではないかと思う。

ある人から教えてもらったのだが、化粧水や乳液のビンを、化粧台や洗面所だけでなく寝室やリビングの片隅にも置いてマメに顔につけると、しわもある程度防げるし、痒みのためにも効果があるという。

私はアレルギー体質で、春先になると目元がかゆくなり、最近は眼鏡を支えている鼻の両側がかゆくなって、赤みが目立つようになってきた。そういう人は多いのではないかと思うが、心がけて、化粧水をつけたり、家にいるときにはワセリンを塗っていると、かゆみが落ちついてくる。

## メモ用紙と筆記具

電話の横には以前からメモ用紙を置いていたが、最近は、玄関をはじめベッドの枕もとや、パソコンの部屋にもメモを置いている。もちろん筆記用具もつけてある。

電話もいまは子機や携帯もあるので、どこの部屋で電話を受けても、ともかく書いておかないと忘れてしまう。とくに夫に伝える話は、伝言を忘れるとたいへんである。電話のメモだけでなく、玄関や裏口に訪ねてくる近所の人からの伝言もある。また、パソコンに入ってくるメールや携帯電話でかかってきたもので、夫に伝える内容のものもある。

なににによらず、外から入ってきた情報を夫に伝え忘れのないように、私自身がそれに対処することを失念しないように、メモ用紙をいろいろなところに置いてあるのだ。

それも、メモだから、ありあわせの紙であればよいと思わず、玄関には、ちょっとおしゃれなものを使っている。電話の横には、なにによらず電話から入った話を書きとめておく大きめのノートを置いてあるほかに、はがして貼ることのできる（ポストイットのような）付箋を用意しておき、ノートに書いたものをその小さな紙に写して、夫の目につくところに貼ったり、私の手帳の表紙に貼るようにしている。

物忘れが激しくなった高齢者の知恵だが、このときにちょっと綺麗な紙を使うと気分がよい。

## 写真を飾る

部屋のインテリアにはその人の好みで絵を飾り、花や置きものを置く人も多いと思う。

私はそのひとつとして、自分にとって身近な人の写真を飾ることをお勧めする。

私は大きめの額縁に、二人の孫の生まれたばかりのときの写真、それから一年、二年たったもの、それに、娘二人のそれぞれの家族が一緒にわが家に来てくれたときに私たち夫婦とともに総勢八名をセルフタイマーで撮ったものをまとめて入れている。

二人の孫はどちらも十二歳になったが、わが家に来るたびに、その十数枚の写真がモザイク風に一つの額に入っているのに黙って見入っている。孫たちは、写真は持っていてもめったに見ないのであろう。自分が生まれたばかりの赤ん坊のとき、二歳くらいのとき、おじいさんと風呂に入っている写真、三、四歳のいささかやんちゃな風貌のころのものをじっと見てなにかを考えている。

来客も、ふとそれに気付くと、

「お孫さんたちですね。たしかにこうやって一つにまとめて掛けておくのはいいわね」

と、言ってくださる。

ラジオを置く

意外に思われるかもしれないが、もう一つ、家の中のあちこちに置いてあるものにラジオがある。

高齢者に人気の番組に、平成二年から始まったＮＨＫの「ラジオ深夜便」がある。

深夜十一時十分過ぎくらいから夜明けの五時まで、アンカーと呼ばれる一人のアナウンサーが、時間にあわせて進行していく。

どのアンカーも大ベテランで声もよく、話し方もうまい。私もそうであるが、それを聞きながらいつしか眠りに落ち、夜中に目が覚めても、またその放送を聴きはじめると、眠れないからといらつく必要がない。投書を読み上げながらアンカーの感想なども少し入れたりして、あきらかに、高齢者で夜眠れない人が聞いていることを意識しての放送である。イアホンで聞いていても快い響きであるし、耳にやさしい。

ラジオ放送のお勧めは、「深夜便」だけではない。NHKだけでも第一、第二があり、民放もいろいろある。率直に言って、テレビよりは知的レベルは高く、民放のCMも、テレビよりはうるさくない。

私はイアホンつきの小型ラジオと、中型のものと、二つ枕元に置いている。夫も自分用のイアホンつきを持っている。そのほかに、ほとんどの部屋にも、ステレオとかCDプレイヤーつきなど、以前から使っていたラジオを置いてある。

もちろん、風呂場にも置けるラジオ（濡れても大丈夫なもの）もあり、洗面所で夫がひげを剃るときに聞いていたりする。

## 31　家の中のあちこちにあると便利なもの

夫は二階の物干し場の近くにもひとつ置いていて、干している間にも聞いているようだ。

高齢者はぬるい風呂にゆっくり入ることがよいと言われているが、私もラジオを浴室に持ち込むようになってから、のんびりと温まれるようになってきた。

耳が少し遠くなっても、イアホンを調節すれば、ある程度大きな音を出しても周りに迷惑をかけずにすむ。ラジオは、コマーシャルも多いテレビを見るよりは、高齢者向きかもしれない。

テーブルクロス

最後に、これはあちらこちらに置くというのとは少し違うかもしれないが、いくつもあると便利なものにテーブルクロスがある。

私はカナダに三年暮らした影響もあるが、書斎のデスク以外は、すべてクロスを掛けている。

夫と二人で食事をしたり近所の人が立ち寄ってくれるときにも使うダイニングのテーブルにはいつも掛けてあり、少しでも汚すとつまみ洗いをして、常にこざっぱり、を心がけているつもりである。現在は、洗ったからとそのたびにアイロンをかける必要のないものも売っている。柄物を使えば、少しの汚れなら目立たない。

私は色違いのものを二、三枚持っているので、シーズンや気分で取り替える。クロスは、汚れ防止にもなるし、布一枚で部屋の雰囲気が変わるので便利である。

また、同じリビングに、昔のコタツ用の背の低いテーブルが置いてある。少し客が多いときには、そこにお茶の道具やコーヒーメーカーを置いて、セルフサービスで客に飲みものを出すテーブルにもなる。八〇センチ四方の大きさで、そこにもそれに合うサイズのクロスを友人に作ってもらって掛けてある。

最近は夫も私も、食事が終わった後、食事用のテーブルでパソコンを打ったり、書きものをすることが増えてきた。そうした、やりかけ読みかけの書類や本をそのコタツ用の机のほうに移動させて、それを隠すために書類の上にクロスを掛ける、という使い方もよくする。

こうすれば、突然の来客にも、雑然といろいろなものが部屋の片隅に置いてあるというのを気にしないですむ。

この二、三年、そういうテーブルクロスの使い方が多くなった。いわゆる「ボロ隠し」とでもいうのであろうか。そういう意味でも気軽に使えるクロスは便利である。

＊

以上、私にとっていまは必需品になっているものばかりを書きつけてみた。

イアホン付きの携帯ラジオは、毎晩のように使うと夜中に突然電池切れをするし、化粧水の類も、気がつくと終わりになっている。

いろいろ置いてあるものも、アフターケアをマメにして、少しでも高齢者の暮しを便利に楽しくしたいものである。

# 「みっともない」

この二、三年、食事のたびに私は、食べこぼしをしている。

食器の中の食物を箸でつまみあげ、口まで持ってくる間にこぼすらしい。時には、一度口に入れたはずの食物や汁が、口からこぼれたとしか思えない汚れ方で、私のブラウスやTシャツの胸元からズボンの前のところまで、しみが飛んでいるのである。

食事のたびに洋服を汚すのは、自分が悪いとはいいながら、いやになってしまう。

家で夫と二人だけで食べるときは、キッチンで使う前掛けを赤ん坊のように首にかけて食事をするようになった。

それができないときや、エプロンやタオルを身につけるのを忘れたときは、食事が終わって胸元などをチェックしてみると、必ずといってよいほど、どこかにしみがついている。

そのときすぐにつまみ洗いができるときは、ほかの用事を置いてもすぐに洗うようにしているが、本音のところ悲しい。

主婦ならだれでも知っているが、食べもの、たとえば、しょう油などをこぼしたしみは、一刻も早く水で洗うほうがよい。そして輪じみにならないように、もう一度、濡れたところを外から中へ向かって、よく叩《たた》くほうがよい。うっかりブリーチなどをすると、その部分の布地の色がぬけて、しみは取れても白く輪になってしまう。

このごろは、たとえ洗濯をしたものでも、身につける前に、そのようなしみがついていないかをチェックするようにしている。

七十歳くらいまでは、そういうことで悩んだことはなかった。

食べこぼしだけでなく、「身じまい」についても同じである。

ふとしたとき、玄関にある鏡の前を通る自分を見ると、襟のところから下の肌着が少し見えていたり、ウエストのあたりでブラウスが半分くらい挟まっていたりする。また、前開きの上着やブラウスのボタンの掛け違いも、気づかないでいることもある。

家の中で他人がだれもいないときならともかく、外出するとき、また玄関にだれかが訪ねてきたとき、自分の姿が変になっていないか、もう一度、ちょっと気をつけるようにしている。

だから、家の中ではもちろん、外出先でも心がけて一日に何度でも鏡を見ようと思ってはいるが、なかなかできない。

道を歩いていて、年配の人とすれ違うとき、たまにではあるがズボンの裾が片方だけ折れ曲がっていたり、上着の左半分だけがズボンに挟まっている着方をしている人を見かけることがある。注意をしようかと一瞬思うが、逆にそのことで相手を傷つけることもあるかと思い、このごろはよほどのことがない限りは、知らない相手には言わないことにした。

他人ごとではない。

けれども、食べこぼしのしみにしろ、化粧にしろ、あるいは身づくろいが少々おかしくても、他人を傷つけるものではない。逆に、あまりそのことで自分が落ち込みすぎたり、気にして外出をしなくなったりするほうがこわい気がする。

不潔な服装で他人の前に平気で出ることがいいとは思わない。そうではなくて、「食べこぼし」や「うっかり身づくろいがおかしいままでいる」ことを過度に気に病まず、逆に少し積極的におしゃれに力を入れてみてはどうかと思うのである。

「食べこぼし」の汚れに気を配り、気がついたらつまみ洗いをしたり、予防としてエプロン、ハンケチを食事のたびに使うことが、まず第一。

けれどもあまり気にしすぎず、たとえばブラウスやTシャツなど、少々のしみは目立たない模様のものを探して買ってきて、それを使ってコーディネートを楽しむこともできる。

若いころになんとなく好きだと思う人と会うとき、前日からそわそわと服を選び、それにコーディネートしたスカーフやアクセサリー、そして持っていくバッグまで、色の組み合わせを考えたりしていた人も多いと思う。

最近は、年寄りだからと、地味な色、形もワンパターンという人は少なくなってきた。色の濃い、少々のしょう油をこぼしてできたしみも目立たない服もあるし、もししみができたら、襟と袖だけ出して、色うつりのいいTシャツや、薄手のすけた生地で袖口や襟元がひらひらしたベストのようなものを重ね着したり、半分すけて見えるオーガンディーのような布地でできたオーバーブラウスやショール風のものを上に羽織ってもいい。

寒くなってくれば、多色使いのカーディガンやウールの大判のショールを使うのもいいかと思う。

ちょっとぐらい身じまいが行き届かないからといって、だれにも迷惑をかけているわけではない。年を重ねることから起こる、マイナスに見える変化をプラスに変えるのは「あなた」自身。そう考えて、年をとったからこそ積極的に服のコーディネートを楽しんでみませんか。

# 鏡をのぞこう

最近は、若い女性で電車などの乗り物の中で化粧をする人が増えたと問題になっている。

それはともかく、年を重ねてきた人は、持てるものなら、若い人がよく使っている、一〇センチ四方くらいの鏡を持って外出したらと思う。

というのは、外の喫茶店で手洗い場の鏡を見る機会があって、自分の姿をそこに映し出すと、「エッ!」ということが、このごろ増えてきたからである。

散歩していて、途中でお茶を飲んだりしてひと息つくとき、化粧直しなどをしなくても、鏡を見ることをお勧めする。そのとき自分の表情一つでも、鏡に映る顔が暗かったら、口元だけでも、ちょっと左右を持ち上げ気味にする。笑い顔を無理に作ることはないが、見るからに暗い印象を与えることはない。しばしば鏡をのぞいているうちに、鏡を使わなくても、今どんな顔をしているか意識するだけで明るい顔になるのではと思う。

朝起きて、キッチンに立つ前に、鏡のあるところでまず髪にちょっとブラシをかけ、着替えた服のボタンを正しく掛けているか、ウエストのあたりがはみ出したりしていないかを見る。

私は朝食が終わってから歯を磨いているから、そこで二度目の鏡を見ることになる。それからキッチンを片付け、花を活けなおし、細かな雑用を片付け、それから化粧をして着替える。そこで三度目の鏡を見ることになる。

いよいよ外出というとき、コートも着て帽子をかぶってから、玄関でもう一度鏡をのぞく。そのとき、外出先での約束時間にせまられているときには、遠くから顔のあたりをちらっと見ただけで、外に出てしまうことが多い。

すると駅に着いて、構内にある鏡の前を通るとき、ちらっと自分の上半身を見ると、マフラーがだらしなく首の横から出ていたりするなど、自分の姿に「アレッ！」と思うことが多くなってきた。

若い頃から、約束した時間だけはギリギリ守るようにしていたが、人と会う直前に、少し早く目的地に着いて化粧室に入って鏡に向かうことまではなかなかできなかった。けれどもある年齢を越えたからこそ鏡をのぞいて、自分なりに常に人前に出ておかしくないかどうかをチェックするくせをつけておきたいと思う。

余裕があれば、自分の手持ちの少し大きな鏡と合わせて、後ろや横からも、見直したほうがよいと思うようになってきた。

人と会っての帰り、もう家に帰るだけだからと思わず、化粧室に入りなおして、用もすませたほうがいい。私は比較的トイレに行く回数も少ないが、年をとると一般に、間隔が短くなっている人が多い。だからその機会を利用して、まめに自分の姿をチェックする習慣をつける。食事などをした後の口の周りなどにソースがついていたり、服の前にこぼしたりしているのは、年をとっているほどあわれではないだろうか。

外出のとき、小さなコンパクトを持って出て、化粧室に入ったとき、鼻の頭と口の周りをパフでちょっと叩いておくのもよい。

口紅を使うのは悪くないが、私は最近、くちびるの輪郭を取る紅用のペンシルを口紅として使うようになった。油っぽくないので、それで薄く縁をとって、あとは指でぼかしておく。いかにも今、紅をさしたという口元は、なにか気恥ずかしいのである。

私は、以前からお化粧は下手なのだが、「年をとってきたからもういい」と思わず、ちょっと自分にやさしくしてあげようと思っている。

# 髪を染めるのをやめたとき

今から三年くらい前のことである。美容院に行って、カットをするのはいいが、パーマをかけたり、ヘアダイをするのは気が重いと思い始めた。理由は美容院の椅子に二時間くらい座り続けることが、私の腰にとって負担になってきたのである。

そのころ、いつも行きつけの店の美容師が、

「南さん、私が言うのは変なのかもしれませんが、そろそろパーマかヘアダイか、どちらかになさったらいかがですか。私のほうは商売が減るわけなので、そう言うのはおかしいのですが」

と言ってくれて、決心がついた。

それで思い出すのは祖母の毛染めのことである。

私が小学三年生のとき父が一年間の海外出張のため日本を離れたので、母とともに

九州の父方の祖母の家で暮らしたことがあった。

祖母の話によると、彼女は三十歳を越えたくらいから髪を染め始めたという。おしゃれだったこともあるが、黒髪の中に一本でも白い毛が見えると年寄りに思われるのでいやだったのだと思う。

月に一回くらいだったか、と覚えている。これまで見たこともない「髪を染める」という作業は、十歳の女の子であった私には、面白いというか、興味があって、祖母の傍らに座って見ていた。

今から六十年以上も前のことである。今のように、手軽に染められるようなヘアダイの液も売っていなかったし、ましてや美容院で染めるということも難しい時代であった。

染料が飛び散ってなにかにつくと取れないので、染める前からの準備もたいへんだし、染めた後の洗髪も、小さな女の子にとってはひどく大げさな感じがした。その当時は、水道はついていたように思うが、今のように湯沸かし器はなかったので、おそらく大きなヤカンでお湯を沸かし……など、祖母にとっては大仕事だったろう。

ところが晩年、祖母が七十代後半になった頃だったか、そのときはもう東京に出てきて私たち家族と暮らしていたが、私の母に、もう染めるのを止めるほうがよいのでは、と言われて、祖母はやっと染めるのをあきらめた。しばらくして真っ白な光るような髪を床屋さんでカットした姿は、黒々と染めているよりはかえって「美しい祖母」といえる感じだったことを覚えている。

さて、染めないことを決意した私の場合だが、髪は多くしっかりしていると、美容院の人は言う。三、四か月に一度パーマをゆるくかけて、その後は月に一回カットするだけになった。これまでのヘアダイは一切やめにした。

私の場合、髪はわりに黒いほうで、白髪が出てくるのが遅かったのだが、五十代後半になり、白い髪が少しずつ目立ち始めたとき、このまま染めずに自然のままでいこうかとも考えた。染めるのは、髪のためにも頭の地肌のためにもよくないし、第一、染め始めたら少なくとも二か月に一回は染めないと、生え際に段ができて、「染めています」と言っているようなものである。それでは、おしゃれのために染める意味がなくなってしまう。

そのころ、近所でよく行きあう、見たところ私より二十歳くらい年上かと思う女性で、かなり白い髪を染めずにいる人がいた。孫らしい子どもを自転車の後ろに乗せて元気に走り回っているのを見ると、「元気なおばあさま」という印象を受けた。ああいうふうになるのはいいな、と思っていたのである。

ところがある日、彼女が髪を黒く染めた。日ごろ元気な歩き方をしている人だけに、突然二十歳くらい若くなって、私と同じか、もっと若くさえ見えた。

それを見て、私は「染めよう」と思い立った。初めのうちは、真っ黒でもなく、白いところが少し濃い目の茶色になるものを選んで染めはじめた。市販のヘアダイの液を買ってきて、台所に古新聞を広げて、汚れてもよい古いパジャマの袖を切り取り、それを前後《まえうし》ろ反対に着て、自分で染めてみた。思ったよりは簡単に染まったので、二か月に一回くらいは染めるようになった。

そのうち自分で染めるのが少しずつおっくうになってきて、六十歳を越えた頃から、美容院でやってもらうようになった。

だがそのうち、腰かけている時間の長さが負担になり、七十代になって染めるのをやめたのは、はじめに書いた通りである。

さいわいにして私の髪はしっかりしていて、まとまらないほど薄くはない。

いずれは、私の祖母が母に言われて染めるのを止めたとき、「真っ白な髪の美しいおばあさん」と孫の私が思った、そういうおばあさんになっていきたいものだ。

# 2

# 親の生活、子の生活

# 年をとったときの親の生活を聞いておこう

七十六歳になった今になって私は、もう少し若いころから、私より二十数年は年上である父と母の話を聞いておけばよかったと後悔している。

両親から聞いておきたい話は、単なる思い出だけでなく、五十歳くらいまではそれなりに元気に暮らしていた後、六十歳、七十歳と年を重ねてくると、健康面と共に、気力みたいなものがどう変わってくるのかを、そのときどきに聞いておくべきだったと思う。

私の場合、結婚するまでは両親の家から職場に通っていた。だから親の生活を見ていなかったわけではない。その後、両親が亡くなってから、十二歳年下の妹とたまに会って話をしていると、妹が結婚する前、親が五十歳から六十歳に差しかかってきた頃には、親も若いときとは違う考え方や生き方をしていたのだとわかってきた。

母の更年期とか、父の中年以降、職場が変わって人間関係に悩んでいたこととか、今になってあれがそうだったのかと見えてくる。

いくら私が三十代で実感がないと言っても、私の親なのだし、もう少し立ち入って、更年期の症状なども聞いておけばよかったと思い返している。親子なのだから似たような症状になる可能性は高いのである。

たとえばこの二、三年、私は異常なくらいタバコの煙に敏感になっている。二十畳ほどの広さのカフェテリアの、私から最も離れた片隅で、たった一人タバコを吸っている人がいるだけで、喉がムラムラとして咳き込んでしまう。また、住宅街の普通の道幅の道路でも、前からタバコを吸いながらくる人があると、すれ違う数メートル前から息を止め、そこから一〇メートル以上歩き、我慢できなくなって息を吸ったとたんに、むせたように咳き込んでしまう。

それで思い出したのは、母がやはり年をとってから、タバコの煙のあるところで、大げさと思えるくらい咳き込んでいたことである。

今でも母のそのつらそうな姿を覚えていて、私のこのタバコアレルギーは母からの遺伝だったのだと、今になって気がついた。

母は六十歳を少し過ぎて、東京から車で四時間くらいかかる有料老人ホームに父と共に入っていた。だから高齢になってからの日常生活でどんなことに困っていたのか、細かには聞いていない。

このタバコアレルギーも、母が中年過ぎるくらいまではなかったことである。私の父はヘビースモーカーだったから、母がもし若いころからタバコアレルギーだったとすれば、父と母の間でなにかもめたり、父がタバコを吸う姿の近くに母はいないはずである。

今になって考えてみると、母が父のタバコに対して咳をするなどの反応が出始めた六十代後半くらいに、おそらくあのヘビースモーカーの父は、母のことを考えて、きっぱりタバコを止めたのだと思う。そのへんの話も娘として聞いておけばよかったと思っている。

それ以外にも、他人には言わなくても、七十〜八十歳になったころ、健康面で困ったことが何かなかったのか。妹に聞いても具体的には覚えていないという。

たとえば私は今、タバコだけでなく、目の周辺から鼻の側面の眼鏡があたるところに、湿疹のようなものができ始めた。母は、そうした皮膚に対してのアレルギーはなかったのだろうか。

また、この一、二年で私が急に困っているのは、目がはっきりと開かない感じがすることである。もし、母がいま傍にいれば、「七十歳か八十歳のころ、眼鏡をかければ普通に見えるのに、なんとなく視野が狭いとか、しょぼしょぼするようなことがなかった？」と聞いてみたい。

それだけでなく、この一年くらいで徐々に耳の聞こえ方が弱り始めているのだが、これから急速に進むのか、それとも、はっきり聞こえないときだけもう一度聞き直すくらいですむのかということも母に確かめたい気持ちである。今から三十年も前のことなので補聴器もそれほど一般的でなかったが、父も母も、何度も聞き返すほどには耳が遠くなかったように記憶している。

また、体のことだけでなく、母は本が好きでよく読んでいたが、いつごろから読まなくなったのかとか、ホームに入ってからもしばらくは、父と一緒に電車で観劇やら音楽会に出かけていたが、いつごろまでそれができたのか、そしてなにをきっかけに外出しなくなったのか、本当に聞いておけばよかったと今になって後悔している。

ここまで書いてみて、私は「ハッ！」と気がついた。

現在、四十代半ばである娘たちに、今の私の体調を記しておいてやれば、いまはそのようなことに興味も関心も持っていなくとも、いつかきっと役に立つことがあるのではないか。

聞いておきなさい、と言ったり手紙を渡したりするのでは仰々しいが、後で困ったときに娘たちが見てわかるように、日記風に私の毎日の体調をできるだけ書いておこうと思い立った。

たとえば、今、どんな薬を飲んでいるか。その薬（サプリメントも含めて）は、どういうきっかけで飲み始め、どのように効いたか、あるいは効かなかったかなども書いておこう。

たとえば私は二人目の娘を産んだころに手にひどい湿疹が始まった。よだれやミルクを口からもどしたりしたとき拭き取るのに使ったガーゼを濯《すす》ぐなどで、一日中、洗剤を使って手を洗っていたことが原因だった。

ところが、たまたま信用できる知人が勧めてくれた、笹の葉や薬草の粉を混ぜた緑色の粉を飲んでみると、なんと湿疹が少しずつ治まるではないか。おかげで手の湿疹は完全に治って、いまでもかゆくなることはない。

目がしょぼしょぼするのも、日によって少しずつでも状況が違う。それを記しておけば、なにかの役に立つかもしれない。

体のことだけでなく、何時に起きてどんなものを食べ、午前中どのくらい歩き、どのような仕事をし、家事もどんなことをどの程度して暮らしたのかもわかれば、参考になるだろう。

高齢になった人の生活は、一緒にいないとわからない部分も多い。

私が大学生のころ、一緒に暮らしていた父方の祖母と両親、私と妹、三世代そろって、バスで三十分くらい乗って小料理屋のようなところに行ったことがあった。久しぶりの一家の外出で、ご馳走を食べに行くというので私たちもうれしかったが、たしか七十歳を過ぎたばかりだった祖母も、いつもよりは張り切って一緒に来た。

ところが家に帰り着いたとき、祖母はそうとう疲れた様子で、次の日から一週間、病気になって起きられなくなった。母も、祖母まで連れて行ったことを悔やみながら看病していたことを、私はうすぼんやりと覚えている。

その出来事の後、祖母は、「もう私は近所を杖をついて歩くことはあっても、乗り物に乗っての外出はしない」と言った。外出をしなくなってから、毎日単調な暮しの繰り返しではあったが、祖母はさいわい八十七歳まで元気にして、老衰で亡くなった。

この例からもわかるように、年をとってくると、毎日の決まりきった日常生活を繰り返している間は、特別の病気にならない限り、比較的元気な毎日を送れる。けれども、高齢者の場合はちょっといつもと違うことをその間に入れると、驚くほど体調が乱れるということを、若い人でも頭の中に入れておくことが大切である。

とくに最近は、親子二代、三代が同じ家や隣どうしに住んでいることはめったにないし、年寄りと一緒に暮らす人が減ってきている。年をとると、体だけでなく考え方も含めてどう変わるのか、何が困るのか。また、体が不自由になってきたとき、どうやって少しでも楽しい時間を過ごしてきたのか。いまは日常の生活の中で見る機会が少ない。

私がいま後悔しているように、若い世代の人たちは実感がないから、親のほうから努力して、高齢者の実態をあるがままに見せるようにすることが大切ではないだろうか。

親の歩いた道を自分が多少なりともなぞって歩くことになると自覚して、親と接する時間を多く作るようにしたいものである。

# 頼み上手になるために

若いときには考えたこともなかったが、私の年くらいになると、だれかに頼んで何かをしてもらうことが増えてくる。

それを情けないと思うのではなく、むしろ頼み上手になることを積極的に考えていったほうがいいように思う。

実際、人に頼るまいと無理をしても、自分ひとりでなんとかしようとするよりは、上手にお願いして助けてもらったほうがかえって周りの人に迷惑をかけずにすむし、横から見ていても感じがよい。

たとえば私の体験なのだが、セルフサービスの喫茶店で、飲み終わった空のコーヒーカップと水が入っていたガラスのコップの載っているトレイを、よろよろしながら置きにいく途中のことである。まだ二十歳になるかならないかくらいの青年が同じように空のカップだけを持って、私の横を通りかかったので、店の人ではないのはわかっていたのだが、なんとなく自然に声をかけてしまった。

「悪いけれど、これカウンターまで……」

するとその若い男性は、さっと手を出して、これも自然で素直に「いいですよ」と言って、私のトレイを持っていってくれた。

あとから「日本の若い人の中にも、こんなふうに、さわやかに自然体で手伝ってくれる人がいるのだ」と、私の心の中にしあわせな気分が広がった。

この喫茶店には、週に二、三回行ってコーヒーを飲み、しばらく書きものをしたりして過ごす。すると、コーヒーを注文した時点で、私が日ごろ杖をついていることを覚えていて「お席までお持ちします」と言ってくれるサービスの人もいれば、こちらから頼みかけると気がついてくれる人、逆に、私でさえ顔を覚えているサービスの人なのに、さっさと奥に引っ込んでしまって「悪いけど席まで持っていってくださる？」と頼みにくい人もいる。

まして、仕事ではなくてお互い行きずりの人に頼みたいとき、相手によっては、なかなかうまくいかないことも多い。

見ていると、いまの若い人は、体の不自由な人が助けを必要としているのを近くで見ても、声も手も出ない人が多いように思う。おそらく、年寄りと暮らした経験がないせいか、あるいはたとえ年寄りと共に暮らしていても、逆に年寄りのほうが大きな孫の世話をやきすぎ、自分が世話をされることがあたりまえになっているのかもしれない。

だから、私がていねいに、ちょっと何かを手伝ってもらおうと頼んでも、なぜ他人の私がそんなことを自分に頼むのか理解できないという表情を示す人も多いように思う。

おそらく家でも、用事を頼まれることがほとんどないのだろう。だから、言葉の意味はわかっても、すぐには体が動かないのではないだろうか。

だが、人間はだれでも遅かれ早かれ年をとってきて、自分のことを自分だけではできないときが来る。そのときに、あまり人を助けるように躾《しつ》けられていない人に何かを頼まなければならなくなる場面も出てくる。その場合、相手にも気持ちよく働いてもらい、自分も何かしてもらったときに、素直に「ありがとう」が言える気持ちになるために、日ごろからちょっとしたことを他人に頼む練習をしておいたほうがよいように思う。

　電車の中でときおり見かける情景であるが、若い人がせっかく席を譲ってくれたのに、

「けっこうです」

などと言って、棒につかまって立っている人がいる。

　では次の駅で降りるのかと思っていると、その先、五つ、六つと駅を通り過ぎ、電車が停まるたびに揺れに抗して、棒を握りしめたりしてがんばって立ち続けている。

　若い人や、親切な人が申し出てくれたとき、私たち年寄りは、たとえ立っているのがそれほどつらくなくても、その若い親切な人の気持ちをもらって席に座り、降りるときに、その人を探してひとことお礼を言うのが、これからの高齢者にとっては、大切なことだと思うのだが。

　数日前のこと。わが家の斜め前の家の三十過ぎの息子さんが、車で帰ってきた私たちを見て声をかけてくれた。ニューヨークから休暇で帰ってきたばかりだというのでいろいろ話を聞くと、人種のルツボのようなニューヨークの地下鉄などでさえ、大きな荷物を持っている女性や年寄りを見ると、だれかがそばに近づいて荷物を持ってあ

げる場面を、いまだによく見かけるのだとか。

それぞれの国に、よいところ悪いところどちらもあるが、高齢者や、弱者に対する公共的なマナーというか思いやりは、残念ながら日本がもっとも劣るのではないだろうか。

しかしそれを嘆くのではなく、高齢者のサイドも、日ごろからちょっとしたことを人に頼むことに慣れて、頼み上手になっておく必要があるのではないかと思ったのだった。

# 年下の人にちょっとしたものを用意する

姑は、私がまだ夫と結婚する前から、私に限らずだれかが訪ねてくると、食事を食べていくように勧めた。当時、戦争が終わって数年経ったところで、今のように食料が十分ではない時代だったので、舅が近くの農地を借りて作った野菜を使って、姑はいろいろ工夫して食卓を用意していた。

たしか肉はあまり入っていなかったかもしれないが、芋やカボチャなどをたっぷり煮たりして、私も含めて若い人たちがお腹いっぱいになるように出してくれた。当時は、家族のための食事を用意するのさえ、主婦はかなり苦労していた時代である。

結婚して、娘たちが生まれてからも、姑はなにかしら細やかにおみやげを持たせてくれた。子どもや孫に対して、祖父母の立場なら当たり前かもしれない。けれども、なにかの折に人が訪ねてくると、必ず手ぶらでは帰さないようにしていたのを思い出す。

そして舅が亡くなり、姑も少しずつ弱ってきて、年齢からくるボケも始まっていた頃のことである。孫はもちろんのこと、若い人が見舞いに訪ねると、それがだれなのかの区別がつかなくても、

「よく来てくれたわね。忙しいのに本当にありがとう」

と、心からうれしそうにしながら、その人たちが帰るときには、寝ていた布団の枕もとを探して、小さなお金の包みを一つずつ手渡していた。

大学生くらいの人は、少々戸惑いながらも義母の気持ちに感謝していた。

帰るとき、私の娘たちや身内のものは、世話をしている兄嫁にその金包みをそっと返した。だが、ぼけてはいても、若い人を手ぶらでは帰さないという優しさが身についていることに、私は感心していた。兄嫁もそれがわかっていて、いつも小額のお金の包みを用意して、母に渡していたのだ。そんな兄嫁に対しても、なんとやさしい人だろうと思った。

そして今、私も姑が身をもって教えてくれたことを、気にかけて実行しなければと思っている。

また、一昨年の夏、草津の緑が多くてなだらかな、町が造った散歩道をベンチからベンチへと、少しずつ歩いていったときのこと。リハビリを兼ねて歩いている人と行きあった折、何人かの人から、

「いつも手押し車をゆっくり押して歩いている九十歳を越えたお年寄りがいらっしゃるの。その方は、出会った人には声をかけて少しお話をして、それから飴を一つくださるの」

と言われた。

　そしてとうとう、私もその高齢の女性と行きあうことがあり、飴を一ついただいた。ほっとうれしい気持ちが広がった。

　たった一つの小さな飴なのだが、自分よりずっと年上の人から、気持ちを伝える飴をもらえることをうれしく受け止めている人が他にも多いことを思った。

　私の母も、私が小学校くらいの年齢のときだったか、父の職場から若い女性の職員が父が忘れたものを家に取りに来てくれたときに、たんすの引出しからハンカチーフの入った紙袋を取り出して手渡していたことを思い出す。

　そのときは、まだそういう年上の者の年下に対する心遣いなどまったくわからない

歳だったが、おぼろげに、ああ、そうするものなのだと思った、母の無言の教えが心の隅に残っている。

いまの私は、近所を歩くために外出したときにも、少しだが買いものをして、品物をその店の人に夫の車まで運んでもらったりなど、いろいろな人に世話になることが多くなってきた。そのたびにではないが、母や姑を見習って、私も小さなチョコレートを手渡したりしている。

そればかりでなく、家に出入りする近所の若いお母さんや子どもにもあげられるように、ちょっとしたものを、いつもいくつか用意している。

また、年下の人にあげるものとは少し意味が違うかもしれないが、折があるときに、夫も私も、それぞれが自分がここと思うグループや弱い立場の人に、わずかではあるが寄付のお金を送っている。

これは人のためではない。自分の気持ちでしていることで、しあわせに暮らしている私たちにできる、わずかなことである。これも私にしてみると、間接的でもどこかのだれかに世話になっていることに対して、私たちができるわずかな金額を定期的に送れるしあわせを感じてのことなのだと思う。

姑が食料が十分でない戦後まもなくのころに、若い人が遊びにくると、舅が畑で作った野菜を使った料理をご馳走したり、九十歳のご婦人が草津の山道を散歩して声をかけてくれた人に飴をあげたりすることは、けっして金持ちだから目下の人にほどこしをするということとは違う。

あえて言えば、訪ねてきてくれた若い人への感謝、山道で話しかけてくれた人への「ありがとう」の代わりなのだ。ものをあげたからこういうことをしてほしい、という交換条件ではない。

そして私が、よく立ち寄るコーヒーショップで働いている人に、小さなものを時折あげるのは、ちょっとした折に「お二階までコーヒーお運びしますよ」と言ってくれたり、笑顔でひとことやさしい言葉をかけてくれる、それに対してのお礼ともいえないお礼のしるしである。

# 年をとってからの大切な言葉「ありがとう」

私の親しい友人の一人、Bさんとは、二年前に夏の東京の暑さを避けてでかけた温泉地で初めて会った。そこで毎夏催されている国際音楽祭の会場で、ふとしたきっかけで話したのが最初の出会いである。

彼女が以前に私の本を読んだことがあって、その顔写真で、もしやと思って声をかけてくれたのである。

Bさんは関西に住んでいて、私より十歳くらい若いらしい。私たちが二年前に会ったときは、彼女の一人暮しのお母さんは隣の別棟の家に住んでいたそうだ。その秋、Bさんが急に入院をするような病気になったとき、その母親が「グループホーム」に入ったとメールの手紙に書いてきた。

Bさんは、個性的で魅力のある女性である。その母親ということは、九十歳くらいらしいが、彼女の話によると、同じように個性の強い人であるらしい。お手伝いさんを頼み、そのうえ長年、隣に三女のBさんの家族が住んでいるという恵まれた環境で暮らしてきた。そういう人がはたして「グループホーム」でほかの入居者とうまくやっていけるのだろうか。

私は他人ごとながら、自分の七十六歳の年齢から類推して、現在の私には考えられないと思った。それぞれに自分のやり方にこだわって暮らしてきた人たちが、グループホームで初めて会った他人に合わせて暮らすことができるのだろうかと危ぶんだ。

その後、Bさんはさいわいに退院した。数か月後、二泊の予定で上京してきたとき、彼女が私に電話をかけてきた。そのとき、

「ホテルからかけているから、どうぞゆっくりおしゃべりをしてください」

と、言ってくれたので、いろいろと雑談をした。話の中で、彼女の母親のグループホームでの話になった。

「私が娘だからでしょうが、これまでは「ありがとう」なんて言葉を聞いたことはなかったのに、なにかというと、その言葉を口にするようになったのよ」

そしてBさんは続けた。

「年をとったらとくに、どんなホームでも、他人に世話になって暮らすとき、もっとも大切な言葉は「ありがとう」よ」

夫の母である姑は、私が夫と付き合い始めた若い頃に彼の家にいったとき、だれに対してもやさしく親切な人という印象を受けた。そして、客の中の何人かが料理を運んで手伝うたびに「ありがとう」を口にしていた。私が嫁の立場になっても、やさしく、よくしてくれた。

その姑が少しずつ年を重ね、夫の父が亡くなってから急速に体も弱ってきて、それとともに物忘れがひどくなってきた。

だが、最後のころ、だれが見舞いに来ているのかわからなくなってきても、「どうもありがとう」と口ぐせのように言っていた。

だれでも高齢になってくると、ほかの人に世話になることが多くなる。そうなってきたときに、意識しなくても、口からお礼の言葉が自然にでていた姑は、いまさらながら立派な人だったと懐かしく思い出される。

私は小さいとき、十二歳までは一人っ子で育ったこともあって、どうしても自分中心に物事を考えてしまう。中年を過ぎても、他の人となにかしているときに自然に気軽に感謝の言葉を口にすることがなかなかできず、後になってから、「しまった！」と、はっとすることが多かった。

だが、他人に世話になることが多くなってきた最近になってやっと、近所に散歩に出かけたとき、狭い道でだれかとすれ違うとき「ごめんなさい」「すみません」、そしてなによりも、私をかばってかたわらによけてくださった場合、素直に「ありがとう」と言葉が出るようになってきた。

そしていつか少しずつぼけ始めたとき、その相手がだれかわからなくなっても、「ありがとう」の言葉が自然に出てくるように、今からこの言葉を身につけておきたいと思っている。

夫の母のように、若く元気なときから小さなことでも一つひとつ、ほかの人がしてくれたことに心から感謝して、「ありがとう」と口に出すことが大切なのだと、優しかった姑を思い出しながら、改めて自分に言い聞かせている。

# 子どもが遺産でもめないために

子どもを産んで、その子どもたちが育ち、やがて成人になる。そして一人前の大人となって結婚をする子もあり、一人で自立して生活するようにもなる。私もそうであるが、やがて年をとっていくとき、子どもたちがお互いにわだかまりなく仲良くしていてくれるのが、親として一番うれしいし、最後に安心してこの世を去ることができる。

だが、子どもたちが大人になってきたとき、とかくもめることになる原因は、親がなにかの折に、だれか特定の子どもに金銭的に特別のことをして、それをほかの子どもに隠していることがわかった場合である。

たとえば、家を新築するときや、商売上のことで資金繰りがつかなくて子どもが泣きついてきたときなど、その金額がたとえわずかであっても、ひとりの子に出してやってそれを他の子に隠していることが一度わかると、それ以降、なにかにつけて兄弟姉妹の間に、深いわだかまりを残すことになるのではないだろうか。

私が若いころ、大学を出て就職して働き始めたとき、もちろん父も母もできるだけのことをして、私が男性と同じように働くことを応援してくれた。ただ、母はふとしたときに、女のジェラシーのようなものを私に示すときがあったが、同性である母と娘という関係は、父と娘というのとは少しだけ違うという程度だったと思っている。

そして私は、大学のキャンパスで知りあった今の夫と、それぞれが就職して二年目に結婚した。

当時は戦後まだ十年そこそこであり、父も仕事が変わったり、疎開先から帰ってやっと小さな家を建てたりで、経済的にもゆとりのある状態ではなかった。そのうえ私の両親は、私の結婚に諸手《もろて》を上げて賛成していたわけではない。それでもできる範囲で結婚するについての必要なものを用意してくれたが、私のほうも自立しているつもりだったので、自分のほうから何がほしいなどとは言わなかった。

もちろん、結婚に際してお金を別に包んでもらったりもしなかった。まだどの家庭も貧しい時代だったこともあり、その当時、親が私に対して金銭的に冷たいと思ったことはなかった。

その後、十五年くらいして私の妹は見合いで結婚した。

そのころ、父の仕事も順調にいっていたこともあり、妹の結婚に際しての用意は相当なものであったらしい。時代は違うし、私が勝手に相手を選び、結婚したのだから、結果として経済的な面で私と妹とに差がついたことに不満はなかった。ただいやだったのは、母が私に相談するどころか、それを隠してやっていることが見えたことである。妹に対してわだかまりがあるわけではないので、妹も私もそれぞれ家庭を持ってくると、共通の悩みもあり、会って話すことは少なくても、電話でときどきおしゃべりするような関係で、お互い年を重ねてきた。けれども母に対しては、隠さないでくれればいいのに、という思いはずっと残った。

これは私の若いころの例であるが、友人などに聞いてみると、同じような思いをしている人は多いようである。

遺産をめぐるトラブルも、案外似たところに原因があるのではないかと思う。

こうした身内の間での疑心暗鬼を残さないためにも、子どもが学校を卒業して社会人になり、親も定年になる頃には、遺産の相続に関して紙に書くという形で残しておくことを勧めたい。それぞれの家にはいろいろな事情もあることだろうが、最小限、遺産の相続については、なにか親としての遺言を残しておくほうがよいと思う。

親としては、たとえわずかでも財産を子どもたちに残せるという場合、親が亡くなった後に、子どもたちの間で、みにくい争いが起こったり、親が子どもによってえこひいきをしているのではないかなどと思ってほしくない。親は自分がどんなに年をとっても、どの子も同じようにかわいいと思っているし、親がいなくなった後もそれぞれがしあわせに暮らしていってほしいと願っている。

それならば、友人・知人に相談して、信用できる弁護士や司法書士を紹介してもらい、その人に相談に乗ってもらって遺言状をきちんと遺しておくことが、もっともすっきりするやり方ではないかと思う。その中で、それぞれの子どもにこれまでにしてやっていることは率直に知らせ、同居しているなどさまざまな要素を加味して、財産についての親の意思をはっきり文書で残しておく。少々の手数料を払っても、それが子どもたちみんなが納得してくれる方法ではないだろうか。

私が親しくしている、六十代後半から七十代の友人の話を聞いてみても、その人たち自身の親や夫の親が亡くなったとき、信じられないような兄弟間の遺産争いがけっこう多いようである。その場合も、ああ遺言状があればこんなことにならなかったのに、と思うことが多い。

その中の一つ。石川美子さんの夫は、六十代の半ばで突然、心臓麻痺で亡くなった。彼は長男で、ほかに女の姉妹が四人いる。

美子さんは、結婚して以来、姑と同居し、姑が九十歳ぐらいになって、一人でトイレに行けなくなってきても世話をしてきた。美子さんの夫が亡くなってからも、美子さんはその姑の世話をそのまま続けていた。

美子さんは明るい性格で、夫が亡くなったときはもちろん落ち込んでいたが、嫁姑の関係の苦労を知らない私が、石川さんに、

「あなたの親ではないのだから、ご主人の姉妹に、そのお世話をお願いしたら……」

と言っても、彼女は困った顔をして、

「でも、夫の姉妹にはだれも引き取るとか世話をすると言う人はいないのです。私はお姑さんと今日まで一緒に暮らしてきたので、私ができるだけですが世話をします」

と言うだけで、私やほかの友人たちにも、ほとんどこぼし話さえしていなかった。

そして最後にその姑が亡くなったとき、石川家の姉妹などが来て、一人残った美子

さんが住んでいる家まで、その姑の遺産として取り上げるようなことを言い始めたそうである。

石川さんの夫は急に亡くなったので、まさか六十代半ばでそうなるとは思っていなかったのだろう、遺言状などは残していなかったらしい。また、高齢の姑も一人で遺言状を作ったりはしていなかった。

姑の実の娘が四人もいるのに、長男が亡くなってほぼ十年、血のつながりのない嫁である美子さんは、亡くなった夫の母親の世話をよくやっていたのである。

そして姑が亡くなって、少しはほっとしているかと思えば、とうとう遺産の争いが裁判にまでなってしまった。そうなってしまって初めて、これまでグチをこぼすこともなかった美子さんが、

「裁判所から呼び出しがあって、私はそういうことに慣れていないので、本当に気が重いのですが、成り行きによっては住む家も無くなってしまうので……。あと何回か行かなくてはならないのです」

と、暗い顔をしていた。

この例だけでなく、ほかの女友だちも、夫側の親や自分の親が亡くなったとき、親

を亡くした悲しみをしんみりと受け止める間もなく、兄弟や身内の間で遺産について想像もしていなかった争いが起こって、しばらく暗い顔をしている人が多い。

私の場合は、父と母が八十歳を過ぎ、とくに母に少しずつボケの症状が出てきたころには、親抜きで妹と必要なことはお互いに相談するようになっていた。

そうして、最初に母が、そして続けて父も亡くなった。そのころ、私の腰痛がひどく、起き上がることもできなかったので、最後の父の葬式はもちろん、後始末いっさいを妹が一人でやってくれた。そして、父の遺産を半分にわけて振り込んでくれて相続の手続きは終わった。

私たちは二人だけの姉妹だったから簡単だったといえばそれまでだが、すべての雑用はほとんど妹一人でやってくれたので、本当にありがたかった。

ほかの友人たちの遺産についてのいやな話を聞くたび、私は妹に感謝すると共に、そのようないやな思いをしないですんだことは、本当にラッキーだったと思っている。

私たち夫婦には二人の娘がいる。どちらも既に結婚し、さいわいそれぞれに三か月違いの孫娘が一人ずついる。

経済的な面だけでなく、ちょっとした小包を送るなど、なにからなにまで同じにはできないが、親としての愛情は、どちらに対しても違いはないつもりである。そして、できればたった二人の姉妹なのだから、私たちがいなくなっても、お互いにいざというときには助けあってもらいたいと望んでいる。

私たちは、お金の問題は娘二人にはできるだけオープンにしておきたいと考えているので、年末になると夫がわが家の資産の一覧表を作る。まず夫が私に今のわが家の経済状態を説明してくれるのだが、その表のコピーを娘たちに毎年渡している。

もしも昨年の資産表と今年のものと比べて、金額が大きく違うことが起こったら、簡単にその説明を書き込むなり、会う折に簡単に理由を話すつもりである。

また、どちらかの娘の家で急にお金が必要なことが起こって、私たちが用立てることがあったら、率直にもう一人のほうに話そうと思っている。私の若いとき、妹の結婚に際して感じたいやな気持ちを、娘たちには味わわせたくない。

もう一つ。これも身内自慢のようだが、夫側の両親は晩年、夫の兄である長男の家に一緒に暮らしていた。兄嫁は自分の親のように最後までよく世話をしてくれていた。

これは夫から聞いたことなのだが、父が老衰で亡くなったとき、四十九日の法要が終わって、夫側の兄弟姉妹五人が揃った折に兄が言ったそうである。

「父の残した財産は、いま下の弟一家が住んでいる家だけだが、見回すと自分の家を持たないのは弟だけだ。みなが賛成してくれれば、その家を弟名義にしたいのだが……」

義兄は、普通のサラリーマンとして定年まで働いた人なので生活には困っていないが、けっして金持ちといえる人ではない。父が亡くなった後、長男として一族を見回して、みんながしあわせであってほしいと思って、言ってくれたのだと思う。

長男と嫁の春子さんが、年老いた両親を自分の家に引き取り、十年以上も一緒に住んで世話をしたうえでのことである。そして、母は元気とはいえ、つれあいの父を亡くし、兄嫁の春子さんの世話なしでは一日も暮らせないほど年をとっている。その母の世話もしながらの兄の言葉であった。それに黙って従う春子さんも立派だと、ほとんど何の手伝いもして来なかった次男の嫁である私は、恥ずかしいと思うだけであった。やがて義母も亡くなり、長兄も春子さんも、いまは子どもたちも結婚をしたりで、二人だけで暮らしているが、両親の世話らしいことを少しもしなかった私に「和子さん、腰の具合はいかがですか」と、いつもやさしい言葉をかけてくれる。

財産を公平に分けるという考え方も大切だが、それ以上にお互いの間に相手を思いやる気持ちが大切なのだと、義兄や春子さんと話すたびにしみじみ思う。

昨年の夏、現在オーストラリアに住む長女が十二歳の一人娘（私にとっての孫娘）を連れて六日間ほど東京にきてくれた。

金曜日の夕刻、成田に到着した後、わが家に来る前に長女は孫娘を連れて、まっすぐ都心に住む次女の家に行った。

次女の家にも同じ十二歳の娘が一人いる。一晩だけでも、同年齢のいとこ同士で一夜を過ごせるように娘二人はあらかじめ相談していたのだった。

その後、長女は荷物を持ってタクシーでわが家に来て、翌日、私たち夫婦も一緒に次女の家に行き、久しぶりに七人で昼食を共にした。

残念なことに、長女のつれあいだけは、今回は仕事があって日本に来られなかったが、私たち夫婦、二人の娘、二人の孫娘、そして次女の婿も集まって、二時間あまり楽しくおしゃべりができた。

こういう時間がたとえ一年に一回でも持てるのは、年寄り夫婦としては、本当にありがたい。そしてこういうベースがあれば、遺産のことでもめたりして、いやな気持ちにならなくて済むのではないかとも願っている。

八十歳に近づきつつある私たち夫婦にとって、婿も含めて子どもたち、孫たちが、日ごろから仲よくしてくれていること。そして親の持つ財産についても、子どもたちがよくわかってくれていて、お互いに隠しごとのない状態が親として一番安心であり、加えて、もしも二人の孫娘が大人になってからも、姉妹のように仲良く助けあって生きていってくれれば、祖父母としてこんなにうれしいことはない。

そして私たちがいずれこの世からいなくなっても、そこそこ仲よくしてくれるだろうという信頼感を持てることが、いまの私たち夫婦にはもっとも幸せなことだと思っている。

# 3

# 何よりも身体が大切

# 歩けるということ

いま住んでいる一軒家には、三十二年前に越してきた。

当時のことを振り返って思い出してみると、駅の周りには小さな数軒の商店が並んでいるだけであった。そこを通り抜けると、住宅街というよりは畑や竹林、そして二つ三つの空地には、夏近くなると人間の背丈を越す草が生えるようになる。さらに十分くらい歩くとわが家にたどりつくという状況であった。

一年一年、その道の両側に家が建ち、夜少し遅く帰ってきても、人通りもそこそこあるようになってきた。

娘に、夜帰るときには駅から電話をかけるように言っても、迎えに行ったことはほとんどないくらい、いつのまにか空地はなくなり、家が建った。

私は、六十四歳で腰をひどく痛めるまでは、大きなショルダーバッグを自転車の後ろに置いて、ほとんど毎日のように仕事で外出していた。駅前に自転車を置いて、大きな荷物を肩にかけて電車に乗って出かけていたことも、その後の腰痛に大きく影響したと今になって後悔している。

その腰痛も少しずつ治り始めたが、昔のように元気になることは望めなかった。

私はそこで改めて、自分の体と年齢を考え、自転車を廃棄した。玄関の横に置いておくと、どうしても乗りたくなってくるだろうし、自転車に乗ること自体が、転ぶ可能性を高くすると考えたのである。

それだけでなく、少しでも「自分の足で歩く」というリハビリを毎日しようと決めた。

なぜなら私の体は、ひどく腰を痛めた後、三か月くらい経って身長を測ってみると、なんと一挙に七、八センチ縮んでいたのである。脊椎の臼状の骨が潰れたり、欠けたりしていたと病院でのレントゲンでわかった。

そうなると、たとえば、テレビで毎日放送しているラジオ体操のようなものは、半分もできない体になっていた。脊椎が欠けたり潰れたりして、腰が若いときのように柔軟に動かなくなっていたからである。

だが、毎日決まった運動をすることは私にとって絶対必要である。それで「歩く」ということにしたのだった。

私だけでなく「毎日歩く」ということを日課にして、健康を維持している人は多いと思う。治りはじめの三か月くらいは、そろそろと家の周りの住宅街を歩くことから始まり、十年以上経ったいまでも、必ずといってよいほど、毎日外を歩いている。雪が降る日も、東京の場合は、途中で小止みになることがあるので、その頃をみはからって出かける。もちろん雨の日も、外の様子を見て、たとえ少々降っていても、頃合いを見計らって、必ず毎日歩くようにしている。といってもあまり無理をしないほうがいい時もあることは、後で知ることになるのだが……。

それはさておき、先日、八十九歳の叔母が、体もしなやかで元気に見える人だが、とうとう介護つきホームに入居した。訪ねてみて、私が最もショックを受けたのは、そのホームはなんと「一人での外出禁止」だということだった。この「外出」には、「近所を散歩する」ことも含まれる。

叔母は、わがままな人でもなく、性格もやさしい人で、こぼし話などをクドクドとする人ではない。その彼女が「私はこれまで家の近所を歩くことを一番大切にして暮らしてきたのに」と、とても悲しがっていた。

私はいま、一日一回は少なくとも家の近所を自分の足で歩くようにしている。だから、叔母の話を聞いて、本当にショックだった。

高齢者にとって、「歩く」ということは本当に大切なのだ。

近所を歩いていると、杖を持って歩く人や、手押し車にすがるようにして一歩ずつ足を前に出している人を何人も見かける。私より少し若く見える人も、明らかに八十歳を越えていると思われる人も、高齢者はそれなりにがんばって歩いている。

いまの私も、一人で外出ができなくなったら、自分のＱＯＬ（Quality of Life 生活の質）は、ほとんどゼロになると思ってしまう。

もちろん、いつか転んで歩けなくなる、病気をして起きられなくなる、そういうときがやってくるだろう。でも今のところは先のことは考えず、しかし確実に歩ける時間をのばすために、絶対に転ばないように、細心の注意を払うように心がけている。

まずそのためには、「駆け出して」「あわてて」ということは許されない。

家を出るとき、たとえ十五分の距離の駅前に行くときでも、忘れものがないように、財布、ハンカチ、帽子、そして靴が痛くはないか……とチェックしてから出る。若い頃のように簡単には戻れないからである。

もしも私が外出した後、家にだれもいないときは、家の中の安全点検を忘れても、だれかに連絡すればすむというわけではないから、火の用心がまず第一。それから電話を留守電に切り替え、チョロチョロとでも水が出しっぱなしということはないか、なども大切なチェックポイントである。

それらをすべて確認してから鍵をかけて家を出る。道を歩くときも角々で止まり、横丁から急に出てくるかもしれない自転車を常に頭に置いて進む。二十歩行っては止まり、スムーズには動かない首を後ろに回して、自転車は来ないか、車は……というように、注意の上にも注意を払いながら歩く。

駅周辺の道を歩くときは、もっと神経を集中して、できるだけ商店街の道の、歩道用に白線を引いてある内側（店に接している側）を歩くようにする。もしだれかが道をふさいでいるようなら、ときとして頭を下げ、あるときは、少し大きな声を出して、

「すみません。歩道を歩かせてください」

と、頼む。そのことでたとえ、「みっともないバアサンが……」と思われても、私の体にとっては切実な問題なのだ。だからそうやって万が一にも転んだり、自転車に乗

っている人にぶつかられたりしないように気をつけている。

こうやって気をつけることで、一日でも長く自分の足で歩ける時間をのばしたい、それが私の目下の一番の願いである。

# 「毎日同じ」にすることでわかること、できること

私はほとんど毎朝十時ごろに杖を持ち、歩いて最寄駅近くの小さな商店街に向かう。玄関を出て、なるべく姿勢を真っ直ぐにと意識して歩き始めると、二十歩くらいで、「アレッ、今日は足取りが軽い」とか、「杖なしでは絶対に駅まで行けない」など、午前中の自分の体調がわかる。ともかく「歩ける」というのは、私にとっては、もっとも大切な能力である。

それが、「今日もできた」というのは、本当は空に向かって叫びたいくらいうれしい。反対に、歩き始めてもいっこうに歩く軽さが感じられないときは「どうして、どうして?」と自問自答している。前日の外出が悪かったのか、とか、あっ、あそこで重いものをちょっと持ったからだろうか……など、考えてもしかたがないことまで考えてしまう。考えても、体調が悪い理由にはっきり思いあたることは少ないのに。

たとえ朝食後の散歩が軽やかにできようと、あるいは足を前に出すのが重く感じようと、まずはともかく同じ日課を繰り返す。これが私の健康のバロメーターにもなり、最低限の健康を維持するための要になってもいる。相当に壊れやすいガラスの腰を持っている私にとって、それは本当に欠かせないことなのだ。

私は朝、目が覚めたとき、体を起こす前に、寝ている間のこわばりをとって、腰を強くする体操を毎日やるようにしている。

まずは一回だけ左右にゆっくり体の向きを変え、それから仰向けになって両足をゆっくり伸ばす。次に寝たまま左足だけを立て、右足を伸ばしたままつま先を上げ、踵《かかと》を突き出すようにして床から五～一〇センチ持ち上げるようにする。その姿勢を保ったまま、ゆっくり十数える。そのとき、手で触ってみると、右足の腿の筋肉と腹部も硬くなっているのがわかる。ここで一度足を下ろしてリラックス。すぐにまた同じ右足を踵を突っ張ったまま床から五～一〇センチ持ち上げる。それを五～六回繰り返す。次に同じことを左足についてもする。

それから、寝たまま体を左横に向け、左の足を曲げ、上側になっている右足の踵を突っ張って股を開くように、上に五～六センチ持ち上げる。それを同じく五～六回、次に体位を右向きにして同じことを同じ回数する。

次に体を上に向け、両膝をゆっくり立て、いわゆる「へそのぞき体操」をする。息を大きく吸ってお腹に空気を入れてから頭を徐々に持ち上げながらゆっくり息を吐く。頭が二〇センチから三〇センチ持ち上がった状態で、息をゆっくり吐く間、頭をいわゆる臍を見られる位置に上げたまま止め、苦しくなる前に頭を下ろす。それをやはり四~五回繰り返す。

最後に、頭は寝たままで持ち上げずに、息を吸って吐きながらお尻を床から持ち上げるのをやはり数回する。

それからゆっくりと立ち上がり、トイレに向かう。パンは冷蔵庫から出してトースターへ、ほかに牛乳や野菜の煮物、作り置きの少しの肉と野菜たっぷりのスープを温めて並べるだけの朝食の用意をする。食事の後片付け、洗濯などは夫がすべてやってくれるので、そのほかの雑用を三十分くらいして、着替えをして……という程度に体を動かす。

これが午前の散歩の前にする、家事ともリハビリともいえないことで、その日課を毎日やることが大切なのだ。そして毎日同じことをすることで、あっ今日はいい調子だなとか、ちょっと体調が悪いから無理をするのはやめよう、などと判断することができる。

いつか今日やれたことが、次の日できなくなるかもしれない。そのときには、それを素直に受け入れなければならないだろう。そのことも覚悟しながら、私は同じ日課をこなし、今日もなんとか無事に暮らせた、ありがたいと心の中で感謝しているのだ。

## 姿勢をよくして自立生活を続けよう

若いころ、年をとった人はなぜ背中を丸くして歩いているのだろう、と不思議に思っていた。

そのくせ私自身は、すでに中学・高校生のときから、背中を丸くしていたらしい。学校の先生をはじめ、親からも、「姿勢をよくしなさい」と、しばしば言われた記憶がある。それをちゃんと気にしていれば、今のように背中が丸くなり、腰を痛めてつらい思いをしたりしなくてすんだのかもしれない。

二〇〇五年二月一日の朝日新聞の朝刊に「健康な歩き方」という見出しで、紙面の四分の一頁のスペースを取った記事が出ていた。

それは、東京家政大学の森尻強教授という体育学の先生が、新入生の立ち姿勢を調べ、足圧計とビデオを使って「いい立ち姿勢」を教えている記事だった。

足の裏が床をどう踏みしめているのかを示す「足圧計」の画像をとると、若い人でも、足の指にはほとんど体の重さがかからず踵だけで立っている人、あるいは指と踵に力を入れて足の裏の真ん中が床から離れている人、などがいることがわかったのだそうだ。

その新聞によれば、人は立ったとき、耳・肩・腰・膝・土踏まずが一直線にならぶのが「いい姿勢」なのだという。それが猫背だと、背中が曲がり、膝は折れ、腰は後方に落ち気味になって、一直線には並ばないそうである。

現在七十六歳の私の姿勢は、首が前に出て背中が丸くなり、気をつけないと下腹部が突き出し気味になっている。

週一回指導してもらっているプールのインストラクターのT先生は、温水プールの中でいろいろな運動を教えてくださるのだが、レッスンの最後はいつも「正しい姿勢」を心がけるところで終わる。

「踵をつけて足先を九十度くらい開き、膝をつけて脚を伸ばし、下腹部の内臓を胸の骨の中に収めるようにして下腹部を引っ込める。次に頭の先を上から吊り下げるような気持ちで首を伸ばし、肩を下げて後ろに引くようにする。そのまま自然に呼吸して、姿勢をくずさないようにして、足を前に出して歩く……」

数歩歩いたところで、

「力を抜いてリラックスして」

「ハイ！　もう一度踵をつけて、内臓を肋骨の中に入れて……」

と、同じことを口に出して繰り返し、一連の動作を反復するように言われる。もちろん胸まで水に浸かった状態でのことである。

目の前に鏡がないので、自分の姿勢を目で確認することはできない。だが少なくとも、少しでも正しい姿勢を意識して一連の動作を先生の目の前ですることは、私の背中が丸くなるのを防いでいると思う。

そのT先生は、「南さん、どこで歩くときも、踵をしっかりとまず着地して、次につま先で蹴るようにしながら反対の足を前に出して歩くのですよ」

とも言われる。

腰が落ち、膝が曲がっていると、歩幅も狭くなると、前出の新聞記事の中で森尻先生も言っている。

森尻先生は記事の中で、歩く姿勢のチェックに、水中ウオーキングを勧めている。

足の指でしっかり床をつかむようにして歩き、一番歩きやすい姿勢が見つかれば、それが「いい姿勢」なのだそうだ。そうやって自分にとってのいい姿勢を自覚し、歩くときに意識すれば、ある程度大股で歩くこともできるようになるとか。

歩調（一分間の歩数）は年をとってもさほど変わらないので、年をとると歩幅が狭くなった分、歩く速度が落ちることになるのだそうだ。

実はこの歩く速度の低下が健康と密接にかかわっているということが、この同じ新聞記事にでていた。東京都老人総合研究所の実験データによると、なんと、最大歩行速度が速いほど、四年後に自立生活を維持できた割合が高く、死亡率も低かったそうだ。

中京大学教授の湯浅景元先生も、森尻先生の記事の少し後の二〇〇五年五月十四日の朝日新聞（別刷E五頁）で、「美しい後ろ姿になろう」という表題で、イラストも使いながら、「ときどきおなかをへこます、頭をまっすぐに立て、背筋を伸ばして立つ」姿勢を勧めている。

とくにその理論的な裏づけの説明がわかりやすく的確で、四キロの重さの頭を首の筋肉で支えているのだから、よい姿勢を意識して保つと、首と背中の筋肉が強くなり、美しい後ろ姿ができてくると言う。

それに加えて、五秒でも十秒でもよいからおなかをへこましたり、頭を起こして背筋を伸ばすことを習慣づける。小さな努力が大きな成果を生む、とまで言っている。三先生とも全く同じことを勧めているのである。

私も七十六歳になって今さら、と思わず、折にふれて姿勢に気をつけて暮らそうと思っている。

＊湯浅先生の本は、姿勢だけでなく、日常のちょっとした折に簡単に取り込んで、体を動かせるエクササイズの例がたくさん入っていて、わかりやすい本である。

『これならできる簡単エクササイズ』湯浅景元著　岩波書店　平成十七年三月刊

一五〇〇円＋税

# 家事は大切なリハビリ

温水プールでリハビリのための水中運動を指導してもらっているT先生が、あるときこうおっしゃった。

「南さん、家の中でもできるだけ動くようにしたほうがいいですよ」

そして、「ちょっとした家事を自分ですることが、プールの中での週一回か二回の一時間の運動と同じように、筋肉を強め、骨を少しでも強くすることに繋がるんです」と、実例を挙げながら、私にわかるように説明してくださった。

たとえば日本茶を一杯飲もうとすると、湯を沸かす、湯呑みを出して洗い、急須に湯を通し、茶の葉を入れ……というように、流し、ガス台、食器棚と移動して体を動かす。食卓の上も片づけて、熱い湯の入った湯呑みや急須を置くところを用意しなければいけない。

飲み終われればそれを片づけ、テーブルを布巾で拭くことになる。そう考えると、たった一杯の茶を飲むだけでも、立ち、座り、流しの前で少し前かがみになり……など、体操とは違うかもしれないが、反対に体操ではしないような体の動きを自然にすることになる。

現在私は、夫との二人暮しである。娘たちも一緒に暮らしていたころと比べれば家事の量も減っているとはいえ、一日のことを考えると、もしも誰かに主な家事をしてもらい、食事も誰かに作ってもらって食べるだけだったら、たしかに運動量が非常に少なくなる。

なるほど——私は今になって気がついた。

数十年前までの日本家屋での生活は、まず食事のたびに食卓の用意をして、ちゃぶ台に並べる。ちゃぶ台の前に膝を揃えて正座をする。食べ終わったら腰を上げてその食器類を何回かに分けて流しまで運ぶ。家によっては、ちゃぶ台を畳んで部屋の隅に置く。

食事だけではない。寝るとき、起きるとき、押入れから布団を出してシーツを掛け、頭のほうへ行ってシーツの端を折り入れ、足元のほうに回って同じことをする。すべて腰を落とし、しゃがむようにして、また立ち上がる。掛け布団を広げ、二枚か三枚、揃えて掛ける。枕もけっして投げたりはしない。一人分ずつ運んで、頭の位置にきちんと置く。

トイレも和式の場合は、そのたびにしゃがみ、そして立ち上がる。それを一日に何回かする。

風呂場の掃除にしても、シャワーなどはないのだから、たとえ水道が出る時代になっても、風呂場を洗い流すのはひと仕事である。風呂桶の前の洗い場には、以前は木製のスノコを敷いてあったが、それも何日かに一回はたわしでこすり、立てかけて干していた。

私の住む家は一軒家で、駅まで歩いて十五分くらいの間に似たような家が並んでいるが、たいていの家の前では、六十歳を越えたと思われる女性が、落ち葉や歩く人が投げ捨てたタバコの吸殻まで、箒と塵取りを持って掃いている。わが家の数軒先の八十歳を越えた女性も、ほとんど毎日、背中を大きく曲げて家の前を掃除している。

私は歩きながら、「なんで男が捨てた吸殻まで女が始末するの？」と腹が立つが、別の見方をすれば、それが彼女の健康を維持している秘訣なのだと思った。

高齢になってから適切な運動をするのもよいが、自分と一緒に暮らす家族のために適度な家事を続けることは、自然にできる素晴らしいリハビリ運動だと思う。

もしも小さな庭があって、好きな花を育てるだけでも、しゃがんだり、庭を歩き回ることになるし、食事を用意することも、若い家族にはなじみのない煮物などを作れば喜ばれるし、家事をすることが精神的な張り合いにもつながる。

いまやっている家事を少しでも減らさないように、楽しんでやれるように工夫して、それを元気の源にしていきたいものである。

# 着替えもリハビリ

気軽に外出していた六十代前半くらいまでは、ワードローブ（服装計画）は、季節を先取りすること、若い人たちよりは明るい色を身につけること、そしてもちろん清潔を頭に入れていた。

けれども、六十四歳のころに腰を痛めてからは、オシャレよりは暖かな服、着替えやすいもの、そしてなによりも洗濯しやすく、しわになりにくいものを揃えて、清潔な感じだけは心がけるようにした。

そして若いときには考えたこともなかった、着替えることがリハビリになることに気がついた。

リハビリといってもいろいろある。目的も人によって少しずつ違うだろう。

高齢者にとっては、リハビリを運動とかトレーニングに限定して、毎日時間を決めて訓練するというよりは、体を動かすことならば、それを日常生活の中に組み込んでいくことが大切だとわかってきた。

そこで、私はいま、着替えをリハビリの一つとして考えて、おっくうがらずにまめに着替えるようにしている。

たとえば私の場合、朝起きて、まずトイレをすませてからパジャマを脱いで、着心地のよい、動きやすい日常着に着替える。エプロン代わりのような服にである。それが一回目。それから朝食を用意する。食事をすまし、朝食の後片付けが終わると、二回目の着替えをする。この時には、家の近所を散歩したり、ちょっとした買いもののぐらいには出かけられるロングパンツにはきかえたり、ときには、靴下も替えてスカートにしたりする。

また、一週間に一回くらいは、平日の午前中に夫に駅まで送ってもらって、込んでいない鈍行の電車に二十分くらい乗り、街に出ることもある。そのときは、近所用よりは、外出用というか、スーツやツーピース、上下の組み合わせを楽しめるようなものを着る。

電車に乗る、どこかで食事をするという場合は、冬はもちろんのこと、真夏も冷房がきいているので、スカートをはくおしゃれはほとんどできない。それでもやはり、日常と違う外出なので、それなりにおしゃれをして出かける。

何色に統一するかとか、最近その人と会ったときに着たものと同じものは着ないように、なども配慮する。これも、頭の回転をよくするためのリハビリの一つかもしれない。

それだけでなく、たとえ冷房が強くとも困らないように、少し暖かめのものを着るとか、電車の中やレストランの中など、外との温度差が激しいときのために、脱ぎ着で調整できることも考えて、服の組み合わせを決める。

外出から帰宅すればまた日常の服に着替えるが、午後になると朝の気温と変わっていたり、また気分も違うので、たとえば外出用ではないロングスカートをはいたりもする。

また、私の場合、三、四日に一度は、夕方早めに温水プールにリハビリに行くので、そのときは水着に着替えることになる。だからプールに行くときは、ロッカーに収納もしやすいような、トレーナーのような服を着ていく。そしてまた、帰宅するとすぐに、夕食の支度ができる服に着替える。それからは寝るまで着替えることはなく、風呂に入ってパジャマへとなる。

では、着替えがリハビリだとなぜ考え始めたのか。

六十代前半の元気なころまでは、朝起きて日常着に着替えるのに、たとえ冬でも一分とはかからなかったように思う。そして外出直前にその目的に合った服に着替えるのも、数分もかからなかった。ところが高齢になって腰を痛め、リハビリが必要と思い始めたころに、着替えにはかなり時間がかかるし、体のあちこちを使うことに気がついた。

腰が急に弱くなって、寝起きさえも簡単にはできなくなると、肌着をひとりで取り替えるにしても、体を曲げたり、手を足先まで持っていかなければ着替えができないということが、そのとき初めて実感されたのだ。

たとえば、靴下をぬいだり、はいたり、あるいはズボンにはき替えるにしても、そのたびに腰を曲げたり、手を伸ばしたり、体位をかえる。時間も若いときには考えられなかったくらいかかる。

でも、時間がかかることを気にするよりは、着替えるときに、たとえゆっくりでも、ころばないように気をつけながら、立ったまま片足を上げてロングパンツをはく。そのときに、どこにも手でつかまらずにするか、体を壁のコーナーのところに寄せて片足を持ち上げるか、あるいは、腰掛けてするか、体の調子をみて、無理はしないが精神を集中して、ゆっくりでもリハビリのつもりで平衡を保ちながらやってみる。毎日のことなので、これがリハビリになっていると実感される。

このようにまめに着替えることをリハビリと考えることで、自分ひとりで着替えもして外出もできる状態が、少しでも長く続くようにと願っている。

それに加えて、着替えるということには別の効用もある。日に何度も着替えるには、それなりに着る服の準備や手入れも必要である。たとえば、ボタンが取れかかっているときは、できるだけ忘れないうちに自分で付け直す。食事中、胸のあたりやズボンの膝の部分に食べこぼしてしみを作ったときは、すぐつまみ洗いをする。それでも落ちないときはクリーニングに出したりする。そういうことをマメにすること自体が、私のリハビリになっているように思う。

私も女性であるだけに、身だしなみについてはあまり横着になりたくない。一日に何度も着替えるのは、身体のリハビリに役に立つばかりでなく、気分も変わるし、服の汚れなどにも気がつくし、私にとってはよいことだと思っている。

また、服を着替えるということは、おしゃれをすることにつながる。

最近は、そうとう高齢の人でもさまざまな色彩の服を着るようになってきている。私も、たとえ家の中だけで着る服でも、毎日同じ服ばかりを着ないで、時間のあるときに、少し組み合わせを変えるように鏡を見ながら取り替える工夫を始めた。その気になってみると、昔流にブラウスの上にカーディガンというワンパターンである必要はない。

たとえば、長袖のブラウスを着た上に半袖のワンピースを重ねたり、スカートの下に細身のロングパンツをはくなど、季節にとらわれず、服の整理をしながら新しい組み合わせを楽しんでもいい。近所の店くらいに行ける体なら、透けて見える上着を一枚買って重ねて着ることも悪くない。

着替えることが楽しくなるように工夫してみるのも、年を取ってからのリハビリであり、おしゃれではないだろうか。

# 二度目の腰痛はなぜ起こったか

一昨年の二月頃から、体がなんとなくこわばり始めたことは前に書いた。これまでの痛さとは違い、少し疲れてくると腰が重くなって、さらに続けて歩くと渋い痛みになってくる。

一昨年五月ころから急にそのこわばり、腰周辺の筋肉の弱りがひどくなり、そしてとうとう六月初めに、ベッドから起き上がるのも痛くて、体を動かすのが困難になった。それ以来、なんとか起き上がれるようにはなったものの、私の体の状態は、それ以前に戻らない。

どうしてこんなことになってしまったのか。

こわばりの原因はともかく、身体がここまで決定的なダメージを受けてしまったについては、ああ、あれがよくなかったのだと、はっきりと思いあたることがある。

私と同じことをしてしまわないように、私の体験を話してみよう。

*

二月頃、目がはっきりと開かない気がしてきて、続けて体全体の筋肉が、以前のようなしなやかさに欠けてきたように感じ始めた。夜中にトイレに行って座る、立つというときも、朝起き上がるときも、体が硬くなっていて、さらりと立ち上がれないのである。

しばらく様子を見ていたが、一か月くらいして、今度は左の膝が痛くなり始めた。これまで、腰は弱くとも、膝が痛くなるということはなかった。わが家は二階建てで、寝室や着替えをする部屋、そして化粧台も二階にあるので、一日に十数回、階段を昇り降りしている。だから、毎日の生活の中で自然に膝運動をしているので大丈夫だと思っていた。

けれども今回は、これまでの状況となんとなく違う。

一人で悩んでいてもしかたがないと思い、以前行ったことのある、整形外科の先生のところに診察を受けに行き、筋肉のこわばりの話とともに、目の周りもなにかモシャモシャして視野が狭くなり始めているように思う、という話をした。

その後、眼科の専門医に検査してもらったところ、幸い、目のほうは視野も十分あり、白内障もそれほど進んでいないし、眼鏡をかけてそこそこ見えるから問題はないといわれた。

一方、整形外科の医者からは、私がやっている温水プールでのリハビリは、今はあまり勧められない、しばらくは安静におとなしくしているほうがよいという診断を受けたのだった。

だが、年を重ねてくると、体のどこかが少しおかしくても、毎日繰り返している日課を休まないでやることで、なんとか現状維持できることが多い。

だから医者にはそう言われたものの、温水プールでの運動をすっかり止めてしまうと、本当に足も上がらなくなるような気がして、私は深く考えずにそれを続けていた。

そんなとき、たまたま夫が、前から予定を立てて楽しみにしていたオーストラリア旅行に出発した。シドニーに、娘夫婦と孫娘の三人が暮らしているのだ。私の腰の弱りなどのために夫が旅に出るのを止めないように、「大丈夫だから」と、笑顔を作って夫を送り出した。また、私自身も緊張感を持ってなるべく元気にしていようと自分に言い聞かせた。たとえば、ちょっと離れたレストランで女友だちと昼食を一緒にする約束を入れるなどして、自分の気持ちを引き立たせるようにした。

ところが、そんなときたまたまチェンバロを教えてくださっている先生と会わなければならないことになり、友人と会った翌日、また続けて外出することになった。まだ夫は帰国していないときだった。だから、夫に車で送ってもらうわけにはいかない。朝起きて、少しつらかったが家から駅までは歩いた。さすがに帰りはショッピングもせず、最寄り駅からわが家までタクシーを拾った。雨が降っているわけでもなく、荷物もほとんどないのに私がタクシーを使うのは、本当に珍しいことだ。それくらい疲れていたというか、体調もおかしく、腰も痛くなり始めていた。

ふだんは、食事を作る以外の家の中の細かなことは夫がやってくれている。洗濯もそうだし、朝のごみ出しから食後の片づけもそうだ。夕食後などは台所の床に雑巾がけをし、流しをすっかり洗い、汚れ物、食料品のごみも一つも残らないようにしてくれるのが常だった。そんなことも、たとえ私一人分とはいえ、ひとりでしなければならない。

さいわい、その日の夜に、夫が帰国して夜八時ころ家に帰ってきた。

気持ちの上でもほっとしているはずなのに、目の周りのモシャモシャは相変わらずだし、体のこわばりは前よりもひどくなってきている。膝も、左だけではなく右までおかしくなってきた。

夫の顔を見て緊張感もとけたのか、急に十二年前に起こったような腰の痛みがでて、ついに、痛みで起き上がるのも難しくなってしまったのである。

どうにも動けない。予約してあった温水プールのリハビリの指導をしてくださっているT先生に、私はベッドで寝たまま電話をかけた。

するとT先生は、優しいけれどきっぱりとした口調でこうおっしゃった。

「スポーツ選手でも、ハードな運動をした後はゆっくり休み、痛みが残っていないことを確認してから次の運動をしているのです。ご主人が海外に出かけていて送り迎えの足がない。それなのにあなたは電車に乗って行くような外出を二日も続けて疲れを残している。そんな状態で、毎週そうしているからといって温水プールに来るのはよくありません。

階段の昇り降りをするのも、六十代とは違って七十代に突入してからは、その回数も段差の高さも減らすことを考えなければいけないのです」

目が覚めたような気がした。

十二年前に腰を痛めて、それをある程度回復させるためにいろいろなことをやってみたが、私が最も気づかなかったことは、あれから十二年も経っているということである。

もちろん、自分に合っていると思われるリハビリを続けることは大切だが、年齢からくる弱りを考えれば、運動も若いときと同じようにはできない。疲れすぎていると思ったら息を抜く、休むことも大切なのだとわかった。無理をしても同じペースで運動を続けるというのは、年をとったらかえってマイナスの場合もあるのだ。私は「休まない」ということにこだわりすぎたのだろう。六十代の健康と七十代の健康は違うのだ。

反省して三週間ほどおとなしくしていたおかげで、腰や膝の痛みも弱くなり、夏には草津へ療養にも行くことができた。

秋になって東京に戻った。そこでまず、身体に過度な負担をかけないように、寝室は二階から一階へ移した。これで階段を昇り降りするのが一日に四、五回ですむようになった。温水プールでのリハビリは再開したが、今はT先生の指導をベースにして、やたらに無理な運動はせず、週に二回以上はしないように心がけている。

年をとったら無理は禁物。つねに自分の体調と相談しながら——七十代になったら、それを心に刻み込んでおきたいものである。

# 4

# 私のリハビリ日記

# 単調な生活に耐える

二年前の夏、二度目のひどい腰痛の後、やっとなんとか歩けるようになってきたので、草津へいくことにした。

そこで五十日くらいを、よい空気、よい緑、そして暑からず寒からずのよい気温の中で暮らそうと決めて来た。オーバーな言い方だが、東京での人とのつきあいをしばらくお預けにして、入院するつもりで来たのだから、と思うのだが、ともすると楽しい会話ができる相手が身近にいないと思うと落ち込みがちになる。

草津に到着して十日経ったときのこと。

その前の夜も、空気も東京より新鮮だからか、冷房なしで十時過ぎに寝て、朝七時に目覚ましの音でやっと起きたくらいよく眠れた。もしかすると今日は腰を突っ張らずに歩けるかなと、自分で自分を励ますようにして、朝の十五分くらいの散歩をスタートした。

それでも杖は持って出た。宿の前の道を横切り、まだ車の停まっていない広い駐車場を歩き始めた。いつもは温泉センターの玄関前のベンチでちょっと休むのだが、その日はそこから右手奥のほうを回って、いつもの倍近くの距離を歩こうとした。さいわい、なにごともなく、八時の朝食前に戻ってきた。十日も経ったのだから、今日は午前中の「歩き」が少し楽になっているかな、と思ったくらいだった。

朝食をすませ、朝の雑用を小一時間片づけて、夫とともに山道のほうへ出発。朝食前に考えていたほど軽やかには歩けない。どうなるかわからないので、ともかく杖は持って出た。歩き始めるとやはり杖は必要だ。山道に差しかかるまでの車の走るなだらかな上り坂道を、一歩一歩、杖を頼りに登っていく。途中で立ち止まるほどではなかったが、正直言ってすこしつらかった。

初めは、今日こそ山道の最初のベンチを通り越して次のベンチまで行こうと思っていたが、第一のベンチまできて、今日もダメだと感じた。

(私の体は、あせってはいけないのだ)と言い聞かせた。私はベンチに腰かけて休んだが、夫には先の道を一人で行ってもらった。すぐに体操などをする元気もない。

ベンチに腰かけたまま、うぐいすの鳴き声を聞いたり、なんとなく首を動かしたいという体の欲求に合わせて、体操とも言えないような、少し動く程度の運動をした。それから、ベンチにリュックも上着も置いたまま、夫が行った方向へ歩き始めた。五〇メートルくらいのゆるいダラダラ坂を下って、それから初めに腰かけたベンチに戻った。一度ちょっと腰かけて、もう一度なにも持たずに坂を下り、そしてまた同じところで元のベンチに戻った。それでもともかく昨日より四〇〇メートルほど多く歩いた。

体操の方法をコピーしたものを取り出して、その二種類目をやり始めたとき、夫が戻ってきた。

振り返ると、ここに到着して十日経ったのである。

初めの七日間は、よくなるどころか横ばいともいえないくらいで、ゆっくり歩くのでさえつらい。よくなっている気配はまったく感じられない。(こんなことでは、この草津にひと夏いても、よくなることはないのだろうか……)と暗い気分に傾いてしまう。

十日目にして、その山道の遊歩道を少しは多めに歩けた。けれども、木の葉ごしに

透けて見える次のベンチまで行くのはためらってしまう。

こうして朝四十分くらい、山の遊歩道をなんとか杖をついたりしながら歩いた後、宿には帰らず、温泉センターの風通しのよい、緑の山が見えるテーブルでコーヒーを飲む。それが日課になってきた。

遊歩道から宿のすぐ前の温泉センターまで、上り下りはあるが六〇〇メートルくらいだろうか、それをのろのろと歩く。私としてはそうとう頑張って歩いているのだが。そしてコーヒーを注文して椅子に腰かけると、歩いている間感じていた背中の重苦しい痛みは消えている。歩くことで血の巡りがよくなったのだろうか。けれども、そこで原稿を書いたりして、小一時間座っていると、じわりとまた腰が痛くなってくる。

あと四十日、この草津に滞在して、どの程度治ってくるのであろう。せっかく涼しい草津に長逗留して、できる限りよい状態になって東京の自宅に帰ろうと決心したのに、と思ってしまう。

夫も、数日は涼しいところで静養するのも悪くはないだろうが、何週間も家を離れて暮らすのは、自分のやりたいことができないわけだから、つらいのではないかと思う。それなのに文句もいわずに私に合わせてくれている。ここにいる間に、私の体調、とくに腰の具合をよくして、少しでも夫に負担をかけないですむ状態にしたいと思っているのだが。

それなのに、十日経っても、その山道を歩く状態も、宿からそこに到着する少々の坂道の登りのときの腰の痛さも変わらず、本音のところ、あせる気持ちになる。

だがさいわい、車で行けば三分くらいのところに町営の温水プールがある。私は、夫が草津にいるときは、ほぼ一日おきにそのプールに連れて行ってもらい、温水の中を歩くリハビリをした。

そうやって、夏の最も暑い季節を五十日近く、単調な暮しを繰り返した。

九月に入ってから東京の自宅に戻ったとき、久しぶりに自分の家に帰れて、楽器も弾けるし、なによりも友人に電話したり、そして会う約束もできたことで、気持ちは晴れやかだった。けれどもとうとう、腰の状態が「ウソのようにすっきりと……」という奇跡は起こらなかった。

だが、東京にいれば猛暑の夏を、草津では冷房を使わず、よい空気、心地よい温度の中で過ごせただけでもありがたいことだ。

そして、冬が来て、東京の毎日の単調な暮しの中で、午前中に杖をついて歩き始めるたびに（もう杖なしでは歩けない、腰回りの筋肉は弱るばかり）と暗く考えながらも、「でも歩けるじゃない。草津に夏じゅう行けて、腰が弱っていると思っても、でも今日歩けるのは、毎日の単調なリハビリのおかげなのだ」と自分に言い聞かせながら、私は今日も、そして明日も歩いている。

昨日と同じ単調さ、これが繰り返せることが大切なのだと思いながら。

# 年をとったらリハビリもゆっくりと

週一回、温水プールで私の体に合ったリハビリの体操を教えてくださるT先生に、昨日のレッスンのとき、「腰回りの筋肉が弱ってきて……」と訴えた。

T先生に教えてもらってもう三年以上になる。だから、私の体のどこが弱っているかだけでなく、私の性格までよくわかってくださっているのだ。

昨日も、現在私が毎日やっている運動——朝目が覚めてすぐにする寝たままの体操と午前中の二十分くらいの歩き、そして午後、プールに行かない日は、その代わりに三十分くらい歩いていること——を話した。また、二度目に腰を痛めて以来、歩くのが少しずつつらくなってきて、杖を使わずに外出するのはもう不可能になってきたこともつけ足した。

先生は、プールの中で並んで歩きながら、笑顔でやさしく小さい子にさとすように話し始めた。

「前にも言ったけど、スポーツ選手でさえ、筋肉トレーニングをするときに、同じ筋肉を毎日鍛えたりはしないのですよ。今日は腕と首、次は腰と脚など、トレーニングはハードにやっても、休ませるときはしっかりとリラックスさせることが大切なの。疲れを持ち越してそれに重ねて筋トレをするのはよくないのよ。

ましてて年齢を重ねてきているのに、あなたは歩くのを詰めてやりすぎです。午前中歩くのはまだいいけれど、午後、体が少しずつ疲れてきているときに歩くのは、せいぜい三日に一回にすることを勧めます。

ともかく、この一週間は少しゆっくりして、あなたの筋肉を休めてあげなさい」

これを聞いて、私の悪い性格が出たと思った。決めたことは少々無理してもやり通すというのは、若いときにはよいこともあったが、年をとってきたら自分で自分にプレッシャーをかけることになって、かえってよくないのだと先生は言ってくださったのだ。

たしかに週に一回でも、一日休日を取って、少々だらしがないくらいいつもと違うリラックスした暮らしをすることが大切なのだと、先生の言葉を聞いて気がついた。

「なまける」「さぼる」というのとは違って、体が「疲れている」という信号を出しているときは、休むのもリハビリの一つなのだ。

思い出してみると、私の親しい友人の中には、何人か私と似た性格の人がいる。それを傍で見ていると、「それだけ詰めてやるから病気になるのよ。もう少しのんびりして、長生きしてよ」と言いたくなる。そんなふうに他人のことは見えるのに、自分のこととなるととたんにわからなくなるのだ。

このときT先生に、夏の間、私は草津でこま切れによく歩いたことも話した。毎日朝から十分、十五分、そして午前中に山のなだらかな道を、休みながらにしろ三十分歩き、そのうえ午後も歩いていたことをである。すると、

「南さん。自然の山道をゆっくり歩くのは、東京の、自転車や車が走っている中を、けがをしないように気をつけながら歩くのとは違います」

と、言われた。

そうか。単純に歩く時間だけで考えるのではなくて、どこを歩くかでストレスも、リラックス度も違ってくるのだ。

私がもう少し若ければ、今よりは強い筋トレに励むことも可能かもしれない。けれ

ども今の私は、気持ちのうえでもゆとりを持って、あせらず、さぼらず、だけど「疲れた」と思ったら少しは休んで、少しでも長く、自分の足で歩ける日々を送りたいと思っている。

# 初めて知った薬の副作用

今から三十年くらい前、更年期まっただなかのころ、現在住んでいる家に引っ越してきた。そのとき、転居通知を出したことで、高校時代の一年先輩のNさんが、新しい家から歩いて十分のK総合病院の内科で働いていることがわかった。

さっそくN先生に電話して診察をお願いし、それから月一回は定期的にN先生に診察していただくことになった。

四十代くらいになると、とくにこれという病気にかかっていなくても、意識的な健康管理が必要になる。たとえば少し太りはじめていれば、先生からの注意のひとことひとことを真剣に受け止めて、食べものや、運動に気をつけるようにもなった。

私の場合は、そのころ少し無理をすると腰が痛くなるだけでなく、レントゲン検査によると骨密度が非常に低く、骨粗鬆症《こつそしょうしょう》の徴候があるということで、カルシウムの粉末とそれを定着させるビタミン剤を飲むように指導された。それとともに、総コレステロールの値（mg／dl）が高すぎるので、高脂血症治療薬を飲むように言われ、それ以来三十年間、言われるままにその薬をついこの前まで飲み続けていた。

当時は、総コレステロールが限界値である二二〇（mg／dl）を超えていたので、先生は半年に一回は血液を採って数値を調べ、診察のたびに、「南さん、この薬を毎日忘れずに飲んでください」と言って薬を処方してくださった。

コレステロール値の高い私が、高脂血症から起こる動脈硬化や脳梗塞を起こさないよう、学校の先輩として心配してくれたのである。

その後、二十年くらいして、N先生は病院を定年で辞められ、そのあと、中年の女性の先生に引き継いでくださった。

そのころから薬に関しては医師は処方を出すだけで、実際に薬を出してくれるのは病院の近所の薬局からということになった。いわゆる医薬分業である。

そうしたある日、薬の名前と摂取量、飲む時間などを書いた紙の備考欄に、「人によるが、この薬は筋肉を弱める働きがあるので、医者と相談するように」という内容のことが書いてあるのに気がついて、びっくりしてしまった。

私はコレステロール値も高いが、その一方で腹筋・背筋が弱っていて、そのために十二年前には、寝起きもつらいくらい、腰の痛みに苦しんだことがあったのだから。あわてた私は、その薬局からもらった、服用するにあたっての警告書を先生に見せて相談した。すると先生は、

「それはそうかもしれないけれど、あなたのコレステロール値は高すぎます。私はあなたの場合、薬を飲み続けることを勧めます」

と言われた。薬はもらって帰宅したが、逡巡《しゅんじゅん》の末、結局それを飲むのを止めてしまった。

案の定、次の血液検査をしたとき、総コレステロール値は限界の二二〇mg／dlを超えて、二七〇にもなっており、先生にすぐ警告された。

だが、私が自分から腰の状態を伝えて、あの薬は怖くて飲めないことを正直に話すと、先生は、前に処方された薬と同じ働きをする、ほかの製薬会社の薬に替えてくださった。

私が温水プールでの体操の指導を受けている先生にその話をすると、先生は、顔色を変えんばかりに驚かれ、

「エーッ！　南さん飲んでいたの！」

と言われた。そして先生が最近、水中リハビリの指導をしている五十代の女性の例を話してくださった。

その人も、一年くらい前まで同じ薬を飲んでいたが、それがその人の筋肉を弱めている原因だとわかって服用を止めたそうである。

けれどもその時にはすでに、車椅子を使わないと動けないくらいに筋肉が弱ってきていて、それを強くするために、温水プールの先生の指導で、水中運動を始めたのだという。

そしてリハビリを始めて半年たった現在、五十代のその女性は、杖を使えば歩けるようになったとか。先生はそういう例をいくつか知っている口ぶりであった。

それからしばらくたって、妹と電話で話したとき、妹は、コレステロール値を下げるために私と同じ薬を飲み始めようかと考えていると言い始めた。

妹は私より十二歳年下で、体のことはすべて親からの遺伝だという考えを持っている。たしかに私たちのコレステロール値が高いのが遺伝であることは、妹もそうであることを考え合わせると明らかである。というのは、彼女の食生活は、肉はほとんど食べず魚と野菜が中心で、そのうえ太ってもいないし、私と同様、血圧も低めなのである。それなのにコレステロールの数値だけは高いのだ。

妹は、現在六十四歳だと思うが、それまでコレステロール値を下げる薬は飲まずに来ている。けれども、かかりつけの医者は、私と同様、コレステロール値を下げる薬の服用を勧めているという。それを聞いて私は、自分の腰の状態がその薬の副作用かもしれないこと、薬の服用はくれぐれも慎重にしたほうがいいことを伝えて電話を切った。

薬を替えてもらいはしたものの、私はやはりこのコレステロール値を下げる薬を飲みつづけることには抵抗がある。

たしかにコレステロール値が上がって、狭心症や心筋梗塞、脳梗塞などになったらどうするのか、と考えると、医者に相談もせずに服用をやめるのは無謀かもしれない。けれども、さいわいなことに私の場合は、コレステロールが多いといっても、とくに悪玉コレステロールが多いわけではないと先生からも言われている。また、私の両親や祖父母も脳梗塞などの血管が詰まって起こる病気にはなっていない。もちろん、祖父母や両親が元気なころは、コレステロール値を測るとか、ましてやそれを低くする薬などなかったろう。

私の年齢は七十六歳。古来珍しいという表現の〈古稀〉を越えている。何十年か前は、現在の新薬などはなく、年をとれば自然にまかせるしかなかったのだ。その結果、こたつに入ったりしているうちに亡くなれば大往生ではないかと自分に言い聞かせた。だが逆に、私の学校の先輩の医者が、三十数年前にコレステロールを下げる薬を処方してくれていなければ、これまでの間に高コレステロールからくる病気で死んでいたり、半身不随になっていたかもしれない。まして私は医者でもないし、薬について何の知識もない素人である。

だから読者が私の意見に従う必要はなにもない。反対に、このような薬ができたおかげで病気にならないですんだ人がたくさんいるのだと思う。ただ、自分の飲んでいる薬にどんな副作用があるかを知っておくことは大切である。

ちなみに、副作用ということでいえば、私が二か月に一回くらいの間隔で診療を受けている整形外科の病院の薬局から処方される薬の説明書を読むと、たとえば、その中の一つの副作用の欄に「発疹、かゆみなどの症状があらわれたときはご連絡ください。胃部不快感、吐き気、下痢、便秘、口内炎、頭痛、ふらつき、しびれ、動悸、頻尿、関節痛などがあらわれることもあります」とある。

さいわい、私は消化器系は丈夫なので、これを読んでもあまり気にならないが、人によっては症状に思いあたって、薬を飲むことに躊躇《ちゅうちょ》する人もいるかもしれない。

もちろん、薬というものは、現在かかっている病気を治すために、専門医の指示に従って飲むべきものである。病気の種類によっては、たとえ副作用があることがわかっていても、現在かかっている病気を治すためには飲まざるをえない場合もある。その場合、信頼できる専門医の指示に従うことは自明のことである。また、我慢できないような痛みなどを緩和するために、少々の副作用はわかっていても服用する場合もあるだろう。

しかし、現状では、医師も、自分が治療しようとする症状や数値を改善することにこだわりがちで、毎日の生活や全体の状況をみてトータルに判断するということになっているかどうか、やや心もとない。

ずっと飲み続けるような薬と副作用の問題は、自分が高齢に向かっていることも考えて、同居する身内の人にも相談して、最後は自分の選択だと思っている。

# 私が杖を使い始めたとき

私が初めて杖を買ったのは、今から十二年前のことである。

六十歳を越えたころ、ひどい腰痛になって寝起きさえつらくなり、三か月間ほとんど横になって過ごした。その間、整形外科医院をはじめ、民間の治療院などに行くときには、夫の車で連れて行ってもらっていた。

だが、車から降りて病院の中に入っていくのに杖があれば助かると思い、病院からの帰り道、介護用品を売っている店に入って、とりあえず、プラスチック製で折りたためる杖を買った。

プラスチック製といっても、握りのところは木製でT字型になっていて、指が触れるところはゆるく波打ち、握ったときに滑らないようになっている。

そのうえ、長さも二・五センチ（一インチ）刻みに五段階に調節できるようになっている。

だから、あらかじめ整形外科の専門医や理学療法士の人に杖の長さを指示してもらう必要はなく、現在、私が使いよい長さの状態で見ると、長さ調整ボタンは五つの穴のちょうど真ん中、上からも下からも三つ目のところで落ちついている。

プラスチック製というと、いかにももろいというか、弱いと思われがちだが、現在はプラスチックでも強度の高いものもある。逆に鉄やアルミ製のほうが、プラスチックより曲がりやすいし、強度を主に考えると重くなるのではないかと思う。私のものは二五〇グラムである。

握りのところが木製で、黒く塗ってあり、かれこれ十年以上使っているので、何度か倒れたため黒い塗りが何か所かはげている。けれどもプラスチックの棒の部分は、倒れても割れることもなく、体重をそうとうかけることがあっても、棒が曲がるような不安な気持ちになったことはない。

地面をつく先（石突）には、ゴムの覆いのようなものが被せてあり、それがある程度すり減ったら、杖を扱う専門店に行き、早めに取り替えたほうがよいとは言われているが、実際に使った期間が短いこともあり、まだ取り替えることもなくそのまま使っている。

十年以上前に使い始めはしたのだが、そのときは少しずつ腰痛が落ちついてきたこともあり、歩けるようになるとともに、杖を使うのを止めた。

杖をついて歩いている人を見るとどうしても前かがみになるように思えたし、杖なしで歩ける間は少しでも上半身を真っ直ぐにして歩いたほうがよいかと考えたからである。

そんなとき、近所に住んでいて日ごろ仲よくしている、五十代くらいの道子さんに声をかけられた。

「腰痛で休んでいらっしゃったと聞いていたけれど、もう治ってきたの。よかったわね。でも、駅のほうまで行くのなら、杖をついたほうがいいわよ。安全のためもあるし、第一、そばを通る人が、ああ、杖が必要な人なのだなとわかるでしょう。そうすれば気をつけてくれるし」

と、彼女は言った。

道子さんは以前に股関節の手術をし、ひところ杖を使っていた。その体験から言ってくれたのだろう。彼女は今はすっかり元気になったようで、自転車にまで乗っている。

明るく、なんでもストレートに話す人なので、近所の知人の中では話しやすく、そういうアドバイスも素直に聞ける。たしかに、周りの人に気をつけてもらうためにも杖をつく、というのもあるかもしれない。

そこで、一度は杖を持って外出したが、杖なしで歩けるのに杖を持つと、楽だというより片手を杖にとられて、買いもののときなどあきらかに杖は邪魔である。

こうして杖を使わなくなり、折り畳みの杖は玄関脇の物入れに収まったまま十年以上経った。

ところが一昨年の六月、二度目のひどい腰痛が起こったのだ。けれど今度は、十二年前の経験があったので、三週間安静に暮らし、またなんとか歩けるようになってきた。

七月に入り、東京は暑く、冷房を入れると腰も痛んでつらいので、前にも夏に行って長逗留した草津の簡素な宿へ養生に出発した。

到着した次の日から、少しずつでもなだらかな坂道を通って、緑いっぱいの林道を歩きたいと心から願った。だが、平らな道ならなんとか杖なしでも歩けたが、少しでも傾斜があると、杖なしでは足が前に出ない。

ともかく右手で杖の握りをしっかりと持ち、体重を半分くらい乗せるようにして、杖を頼りに足を進める。

それでも四、五歩あるくと立ち止まり、体を起こして背中を伸ばし、またゆっくり杖をついて四、五歩あるく。そうやって百歩くらい行くと、右側に体が傾いた状態で右手に体重をかけているからか、背骨の中央から右寄りのところが重く痛くなってくる。

そこで左手に杖を持ち替えて歩き始めると、その背骨の右寄りの痛さはなくなる。けれども左に杖を持つのが続くと、今度は左が同じように痛くなってくる。

では、杖なしでがんばって歩こうとすると、お腹にウンと力を入れ、どうしても前かがみになってしまうし、お腹まわりの奥のほうの筋肉が疲れてくる。

こうして、草津の宿の周りを歩くとき、杖を使うことが多くなった。

秋になって東京の家に帰っても、外出のとき、杖なしで家を出ると、五、六歩足を前に出すと腹部にそうとうな力を入れて突っ張らなければならなくなってくるので、すぐに杖を取りに戻る。喫茶店や買いもののときにも、杖なしで歩くほうがつらいので、邪魔だとは思わなくなり、杖を忘れることはなくなった。それぐらい杖なしでは歩けなくなってきているのだ。

そこで、久しぶりに電車に乗って外出したとき、下車した駅から近いデパートに入って、折り畳みでない木製の杖を一本買った。いま使っている折り畳みの杖より二センチほど長くして切ってもらった。今度のものは薄緑色の少しおしゃれなものである。もう私の体は、杖なしでは歩けない。すると、一本だけでは心もとなく思えてきたからである。けれども、やはりこの一年余で使い慣れた、古い折り畳みの杖のほうが、なんとなく使いよい。

駅までの道を歩いていると、たまに道子さんに行きあう。

「とうとう杖を手放せなくなりました」

という私に、道子さんは、

「でも前よりお元気そうで、背中も前よりは真っ直ぐに見えるわよ」

と言ってくれた。

ふだんあまりお世辞を言わない道子さんが言ってくれたのだから、素直に本当だと思い、杖はついていても、前向きに少しでもたくさん歩くようにしようと思った。

朝十時半、今日もまた私は杖をついて二十分ほど歩いて、小さな私鉄の駅前広場が見渡せる喫茶店の二階に座ることができた。私はほとんど毎日、午前中はこの道を歩くことにしている。

季節は二月の半ば過ぎ、予報によれば最低温度は五度といっていた。雨は降っていないが、どんよりと曇っている。

喫茶店の窓からは、最近駅前を改築して作った広場が見渡せる。その広場には、電車に乗るらしい人だけでなく、駅周辺の店で買いものをする人、電車から降りてそれぞれの目的に向かって歩く人など、ざっと二十人ぐらいが思い思いの方向に足を進めている。

私はその喫茶店の二階の窓越しに人びとの動きを見るともなく見ながら、注文したお茶を飲み、手帳を出して日記を書いたり、今日の予定を考えるのを日課にしている。

窓から見える二十人くらいの歩行者の中には、必ずと言っていいほど、杖をついて歩く人、手押し車にすがるように歩いている人が最低一人はいる。

そういう人たちは、ほとんど七十~八十歳くらいのようだが、なかには若い人で、車椅子の人、松葉杖の人も見かけることがある。この一年くらい前から杖をつき始めた私は、そういう若くて足の具合の悪い人を見ると、杖をつき始めたことを暗く考えるのをやめよう、まだ自分で歩けるだけでもしあわせなのだと反省する。

また、なかには私と同年輩に見える人で、手押し車や、荷物を横に吊り下げられる車付きの杖を使っている人たちがいる。その荷物の様子からみると、あきらかに一人暮しで、三食をなんとか自分で用意しているように見える。私の場合は、買いものは夫の車で運んでもらっているわけだから、それも考え合わせると、現在の私はしあわせであると反省するのだ。

杖をついていなかったとき道子さんから言われた「早めに杖をつき始める」ということはしなかったが、自分に本当に必要になれば杖を使うようになるし、どこかに忘れてくることもなくなる。

杖をつくことも難しくなったら、この先どうするか、そういう先のことを考えて憂慮することはやめて、杖をつきながらでも歩ける、そのことに感謝していきたいと思う。

# 上半身が下半身の上に載り始めた

　このところ家の中でさえ、歩くときに杖がほしいと感じるようになってきた。とくに食卓の前に一度腰をおろしてから用事を思い出すと、机に手をかけてやっと立ち上がり、両手を使ってどこかで体を支えながら歩き始めなくてはならない。

　しかも最初の五、六歩はグラグラするので、体の平衡を保ちながら足をゆっくりと前に出すというのが、今の私の腰の状態である。

　だから今朝も、食事の支度ができた後、料理ばかりでなく、食後の急須と湯呑み茶碗二つ、食後の薬などに至るまで、忘れものがないように運んだつもりだった。

　それなのに食後のフルーツとナイフ、それにお膳ふきんを忘れている。しかたなしにもう一度立ち上がって取りにいくとき、やっとの思いで立ち上がり、つい半年前まではここまでグラつかなかったと、心の中でちょっと悲しくなった。

さて、食後の片づけは夫がやってくれるので三十分ほど家の中の片づけものや着替えをしてから外出すると、なんとうれしいことが起こった。

杖に体重を載せなくても歩ける！　上半身が下半身の上に真っ直ぐ縦に載っている。その状態で足がそこそこの歩幅で前に出るのだ。この感覚のなんと久しぶりなことか。いや、杖をほとんど地面につけなくとも歩けるのは半年以上ぶりだろうか。

こういうふうにうまく歩けるようになったことについては、思いあたることがあった。

二度目の激しい腰痛のあと草津へ療養に行き、九月に自宅に戻った後、温水プールで久しぶりのレッスンを受けたとき、レッスンの終わりくらいにT先生から、

「あなたの上半身の体の載り方が、以前と変わったように見えるわ」

と言われた。また、次の週のレッスンが終わって、水から出てジャグジーのほうへ歩いていったときも、

「以前よりあなたの上半身の載り具合がよくなったように見えるけれど……」

と、夏前の腰の悪化の後で私が少しでも前向きに考えるようにと思ってなのかもしれないが、ともかく力づけてくださった。

先生はレッスンの終わりにはいつも、水中で「正しい姿勢で歩くレッスン」をしてくれ、水の中にもぐって私のお尻の引き締め加減までみて、「まだまだ」とか「締まっていないわよ」とか言ってくださる。

レッスンのたびに二、三回、最後に同じことを言って私に繰り返させる。だから私も、一人で温水プールの中でリハビリ運動をするときでも、最後に、同じように意識して姿勢を正しくするように心がけていた。

それを続けていたからだろうか、前に述べたように、午前中、外に出て歩き始めたとき、「あっ、私の上半身はちょっとお腹に力を入れるだけで、下半身の上に載っている」と思えたのである。

十五分くらい歩いていつもの喫茶店に到着し、書き物を始め、お昼頃、夫に駅前まで車で迎えに来てもらって家に帰った。午後にまた散歩に出たときには、残念ながら、午前中のように、上半身が下半身の上に、あまり努力せずに載っているという感触はなかった。でも、午前中の歩き出しのときだけでも、姿勢を真っ直ぐにするのにあまり努力する必要がなかったのだ。

夜、メールで先生にそのことを報告すると、朝起きたとき、T先生からメールが入っていた。

「きっとまた、若くなりますよ」

# 水中での私のリハビリ運動

私は若いころからあまり泳ぎは得意ではない。三十代のころを思い出してみると、平泳ぎで一五メートルくらいと、クロールまがいの泳ぎで十数メートルはなんとか泳いでいたが、足のつかないところでは泳げない、というレベルであった。これでは、もちろん自分からプールに行こうとは思わない。

だがその後、大きく腰を痛めてから、少しずつ家の近所を歩きはじめて数か月経って、ふと思い立って、水中を歩くために近所の温水プールに行き始めた。

初めは自己判断で、少しでも水の抵抗があるほうがよいかと、五〇メートルプールの肩スレスレの水深のところで、縁《ふち》のすぐ横を歩くことから始めた。

当時は先生についているわけでもないので、ただ歩くだけを四、五十分続け、あとはジャグジーに五分くらい入って、シャワーを浴びて帰る、というやり方だったが、プールに行った日は夜よく眠れて、体調もなんとなくよかった。

たとえばなにかの拍子に行くのを止めると、朝起きてパジャマを脱いで肌着に替えるときに足が上がらない。また、温水プールに行って水中歩行をすると、体が柔軟になるように感じた。

そのような繰り返しで二年ほどたったとき、近所の若いお母さんが、同じ温水プールで個人レッスンをしている先生を見かけたことがあるからと電話番号まで聞いてくれ、そのおかげで、いま週一回のレッスンをしてくださっているT先生と知り合った。

この先生は、障害児の指導の資格も持ち、中・高年の女性のグループも教えていらっしゃる。それまでの私の自己流の運動でさえ、水中運動は私に合っていると実感していたが、先生について一対一で、ほぼ一時間運動するのは、現在の私の生活にはなくてはならないものになっている。

最初の二年くらいは、やはり肩までの水深のところで歩くこと、それも足をなるべく高く上げながら歩く、足を下ろすとき水を踏みつけるようにする、などの注意と、いくつかの歩き方のバリエーションをまず教えてくださった。

その先生は、水の中に一緒に入るだけでなく、すべての運動をまず自分でやって見せてくださる。ときには横に並んで、どの高さまで足を上げるかも体で示してくださる。

リハビリに効果のある水中での歩き方だけでなく、プールの縁《ふち》につかまってする体操もいくつか教えてくださった。そして最後には、私の頭を支え、私の腰の様子を見ながら横に浮かせてくださって、浮いたまま手足を動かす運動も、少しずつ無理がないように体の動かし方の種類を増やしてくださった。

週に一回のレッスンの合い間にもう一度、私は一人で温水プールに行き、先生の指導の体操を復習する。

そうやってともかく週に二回の温水プール行きをさぼらずに夏も冬も続けていると、この何年間か、熱の出るような風邪を引かない。ときおり、なにかのかげんで鼻水が出るときがあっても、その日が先生のレッスンであったり、私が自主トレの日と決めてあるときには、まずはプールに入って運動をしてみて、結果的に風邪がもしも本格的になったらそのときはそのとき、と思って行ってしまう。帰ってきて水着を洗い、夕食を食べ、いつもより少し早くベッドに入る。そして翌朝いつものように起きてみると、鼻水は止まっているのだ。

深いほうのプールでの指導が始まって二年ほど過ぎたころ、あるとき先生が、

「南さん、今日は浅いほうでやりましょう」

と、言われた。

浅いほうは、水深九〇センチ。水温も二度くらい高いので、入ったとき温かく感じる。

実際に運動してみると、浅いほうが、水の中に入っている体の体積が少ないので浮力も少なく、そのうえ大股で左右一歩ずつ足を広げて前進すると、体が上下して、平衡を保つのが難しくなる。

その浅いほうのプールは二五メートルで、まずはどういう運動をするかというと、
①少し大股で前進しながら一往復し、
②次にもう少しゆっくり一歩ずつではあるが、さっきより大股で前進する。それもまた一往復する。
③次に後ろ向きにできるだけ大股で歩いて一往復。
④次に横歩きをする。
横歩きで足を大きく開くときは、手も左右に真横に開く。このときは少し速い動作

を心がける。そして足を引き寄せるときは開くときよりはゆっくりめに、手もそれに合わせて下におろす。それを繰り返して向こう側についたら、帰りは、向きはそのままで開く足が変わる。時間のあるときには、反対に開くときはゆっくり、引き寄せるとき急いでするという往復もする。

そのほか、一か所に立って、片足を前後にできるだけ高く振り上げることを十回繰り返すとか、振った足を前に突き出し、そのまま伸ばした足を横から後ろへ回し、下ろしてそのまま、また前に突き出す、といった足の回転を十回する。

次に向きを変えて、反対の足を前後に十回振り、次に大きな回転を十回。

次の横歩きは、まず右足を開いたら、次に左足を前から交差させて立ち、右足をまた開いたら今度は左足を後ろから交差させる。

ほかにも、最初、足を大きく左右に広げ、膝を曲げて体を下げる。次に下腹部に力を入れて、両ひざを胸に寄せるようにして足を床から離し、できるだけ水中に浮いているようにする、といった運動もする。

この運動は私の腹筋が弱いので、すぐに足を下についてしまうが、プールに行くたび何回か試みると、少しずつはできるようになると先生は言う。だが今のところ私には難しい。

　そのあと、水中で身体をねじる運動。膝を開いて腰を下げ、両手を広げて、最初は左手を左のほうへ回し、次に右手を前から回して左手に寄せ、さらに左手を後ろへ、それにつれて右手を左手に近づけるとウエストが大きくねじれる。これも同じことを、左右逆にして繰り返す。

　それが終わると、両足を揃えて最初よく腰を曲げ、前のほうへジャンプする。その後、今度は同じように後ろ向きに飛ぶこともする。どちらも背中を真っ直ぐ、首も上に伸ばし、肩も下ろして飛び上がることが大切である。

　このように、私はT先生に教えていただいたいくつかの運動をしているが、図書館や本屋に行けば、この種の指導書はいろいろ売っている。いいインストラクターの先生がいなければそれでも役に立つし、私が自己流でやっていたころも、やらないよりずっと調子がよかったのは、前に書いた通りである。

　私は自分の体験をそのまま書いているが、医者でもないし、理学療法士でもないのだから、これがすべての腰や膝を痛めている人に合うリハビリかどうかはわからない。けれども、何度も繰り返すが、水中では浮力が働いている。そして動くときには、空気中と違って水の抵抗があるので、手足でも腰でも、動かすこと自体に力が必要である。だから、水中でのリハビリ運動は身体の回復に役に立つと実感から思う。

T先生は、なににによらず身体を水中で動かすときは、ちょうどお臍のすぐ下の部分にしっかりと力をいれて、そこを常に意識して体を動かすようにと言われる。

いまの私の腰の状態は、この週二回の水中リハビリ運動なしでは、すぐに歩けなくなる気がしている。

# 5

# 深刻に考えすぎない

# 高齢者の健康とは？

私は腰をひどく痛める前まで、たまに、以前に住んだことのあるカナダのバンクーバーに出かけてしばらく滞在し、昔から親しくしていた友人と会ったりしていた。そういう時には、近所のカフェテリアに一人で昼食を食べにいったり、お茶を飲みにいくこともあった。

いまでも覚えているのは、そのカフェテリアで見かけた六十過ぎくらいの一人の女性のことである。

五、六人の中年の女性がお茶とケーキを注文して、小一時間にぎやかにおしゃべりをしていた中に、少し派手めにおしゃれをしていて、見たところいちばん幸せそうに、また経済的にも恵まれて見えるその人がいた。

服装とか、話す様子を見ていても、なにひとつ欠けたものがないように私には見え、うらやましいとさえ思った。

ところが、小半時たって一団が帰り支度を始め、その一番幸せそうに見えた女性が立ち上がったときに、胸元に金属のようなものがついているのがチラリと見えたのである。心臓かどこかに器具をつけているのかもしれない。

それに気づいて、「何もかもに恵まれた人」という目で見ていた自分が恥ずかしくなり、人を外見からだけ見て羨んではいけないとしみじみ思った。

とくに、健康については、高齢になれば人それぞれいろいろなことがある。はっきり目に見える病気や障害もあるが、内臓系の病気はその人が説明しないかぎりわからない。

今もこの原稿をわが家から十五分くらいのところのカフェレストランでお茶を飲みながら書いているのだが、ふと顔を上げてみると、数日前もやはり午後三時過ぎに、このレストランに来ていたカップルを見かけた。

五十過ぎのその男性は、左足にサポーターをつけ、左側の手も動いていない。脳梗塞のような病気の後、やっとなんとか外出できるようになったのであろう。この前もそうだったが、今日も一、二分遅れて、そのときも一緒だった女性が入ってきた。おそらく妻であろう。彼女もその男性と同じような年齢に見える。

けれども、彼女の表情は明るく笑顔である。片足を引きずり、片手も動かない男性とカップルとは思えない。そして、小瓶のビールを一本ずつと軽い食べものを注文し、二人でなごやかに話している姿には華やかさがある。

その男性の今の状態にビールがよいかどうかは私は知らないが、つれあいに見える女性はやさしい表情で、二人でゆっくりとビールを飲みながら、オードブル風のお料理を食べている。

重大な病気であれば、もちろんビールは飲めない。入院して、あるいは自宅で安静にして、治療に励まなくてはいけないのだろうが、これから高齢者だけで暮らす人が増えてくると、病気の治療だけを考えて暮らすことがはたしてよいことなのだろうかという気になった。

私の座っている席から、その半身不自由な男性の妻らしい人の顔がよく見える。遠くから見ていると、本当に楽しそうに、自然体で話している。男性のほうも、動く手をときおり大きく動かして、話に熱中している。

病気をわずらえば、医者とよく話し合って、適切な治療をするべきである。そして「半身不随」となれば、ふつうの定義ではとても「健康」とは言えないだろう。けれども、「健康」というのが、病気がなにもない、ということならば、そうとう若い人でも健康とは断言できないのではないか。

まして、私のように、七十代半ばになれば、体に悪いところがあるのはあたりまえである。

広い意味で「健康」とは、自分がしあわせと思える暮らしができることと表裏一体であると思う。

病気のことは私にはわからない。けれども、年をとればとるほど「健康」とは、医学的にいう病気や障害を持っていないかどうかよりも、精神的に前向きに、周りの人とよい関係を保って、明るい気分で一日一日を暮らすことができるかどうか、これがまず第一なのではないだろうか。

半身が不自由でも幸せそうに食事の時間を楽しむカップルを見ながら、私の腰がこの先治ることはないとしても、私なりに「健康」な生活を大事にしていこうと思った午後であった。

# アルツハイマーについて

夫が定年になる前後、私が六十歳を越えたくらいのとき、しばらくカナダのバンクーバーのアパートを借りて、東京との間を行ったり来たりしていたことがあった。そのアパートは、一二〇戸ほど入っている二十二階建てのアパートで、建ってから一年も経っていなかった。大部分の居住者は、定年になったばかりのような六十代の夫婦や、配偶者がすでに亡くなって一人住まいという人などであった。

私たちが住むことになった部屋の隣に、私たちより前から住んでいたウエストさん夫妻がいた。見たところ七十過ぎぐらいだろうか。かつては農場を経営していたようだ。二人とも気のいい人たちで、私たちが越してきたとわかるとあちらのほうから挨拶にきてくれて、さっそく次の日にお茶に招いてくれた。

ラナーエという奥さんが作ってくれたホットケーキと、美しいボーンチャイナの紅茶茶碗にほんのりと香る英国式の紅茶でもてなされた。夫のラルフも、東洋人である私たちに、なんのわけへだてもなく、明るく接してくれた。

「なんでも分からないことや、ちょっと足りないものがあったら言ってくれ」

と、ラルフは妻のラナーエと同じように、人のいい笑い顔で話しかけてくれた。

私たちは、一、二か月そこに住んでは東京に帰り、またバンクーバーに戻ってくると、待ってましたとばかり、ラルフ夫妻が同じアパートのほかの住民を四、五人招いてはお茶を出してくれた。

そういうことが五年くらい続いた後、私の腰の状況が少しずつ悪くなり、もうそのアパートには行けなくなってきた。

その前後に、ラルフが病気になって、近くの介護つきのホームに彼一人で入ったと聞いた。そこは「アルツハイマー」専門のホームだった。

私たちもまだこの病気のことは正しくはわかっていなかったのだが、気がつくと、そのバンクーバーの中で私たちが親しくしている友人の夫や、そして別の夫婦では妻のほうが同じ病気になっていた。

カナダの人たちは、だれかが「アルツハイマー」だと聞いてもだれも驚かないし、パーティにも、そのつれあいと一緒に招く。そして友人としてさりげなくその病気の人を助け、嫌味なく話の中に入れるというか、笑いかけたり、「これ食べる?」などと自然体で尋ねながらケーキを取り分けてあげたりしていた。

私はラルフが病気になってからは会っていないが、おそらく同じアパートの人たちが、同じようにしてあげていたと思う。

これまで妻のラナーエは、本当に気軽に、アパートの住人だけでなく、多くの人をお茶に招いていたし、毎日曜日にはラルフをつれて教会にも必ず行っていたので、そちらの人たちも、それぞれができることで彼女を助け、つきあっていたことであろう。

夫がアルツハイマーになったもう一組のウッド夫妻の場合、こんなに仲のよい夫婦はいないだろうと思う人たちだった。彼らはバンクーバーの中でも、最も高級住宅地といわれる地域にあるマンションに住んでいた。

夫のボブにアルツハイマーの徴候が出てきたころ、ちょうど私ひとりがバンクーバーを訪ねていて、友人の家でパーティを開いてくれて、そこにウッド夫妻も招かれていた。

いろいろな友人たちが招かれていた。ウッド夫妻と仲がよい人もいたし、初対面の人もいたが、ボブがその病気だということをだれ一人口にはしないが、といって、ボブに対してわざとらしい接し方もしなかった。

見ていると、ボブは昔の張りのある顔つきではなくなっていた。けれども、ゆったりと黙って静かに座っていた。彼の両側に腰かけた友人が、ほかの友人たちよりは少し多めに彼の世話をしているくらいしか、違いはなかった。

もちろん、妻のメリーも、夫のことはあまり気にせず、友人の話しかけに以前と同じような、やさしい様子で答えている。このパーティに招かれている人たちは、アルツハイマーの病気のことをどの程度知っているのかわからないが、記憶力が徐々に薄れてきて、少しずつ自分の身の回りのこともできなくなってくる病気だということは、常識として知っていると思う。

だが、そこにいるだれ一人、わざとらしくメリーに同情的なことを言う人はいない。彼女の夫がアルツハイマーであっても、私がその町に家族とともに住んでいたころ、わが家で開いた気軽なパーティに参加してくれていたときと何の違いもない。

私にそこに出ている日本の食品について話しかけたり、この前だれかのパーティで起こった面白い出来事など、ボブやメリーを特別扱いせず、ふつうに仲間の一人として一緒に笑いさざめいている。

あえていえば、ボブの近くに座っている人は食事の世話をさりげなくして、ちょっとした折、ボブの手を触っては顔を見てほほえみかける。でも、ほかの客どうしも、食事の細かな世話までしなくても、自分がテーブルの中央に置いてある料理を取るときは、隣の人に勧めたり皿を手にとって回したりするから、それもたいした違いはない。

楽しく親しげなパーティの輪の中に、ボブもメリーも入るわけで、あえて違いをいえば、ボブは受動的だということだけである。

その後、ボブの病状が進んで、メリーだけでは散歩にでるのもおぼつかなくなってきたころ、近くに住んでいて仲良くしていたマイルスとセルマの夫妻は、ほとんど毎日のように、男どうしはプールに一緒に行き、メリーが買い物に出るときは、セルマがボブと一緒に家にいたりして、メリーが安心して外の用事をすませられるよう手伝ってあげていた。

そしてとうとうボブが、アルツハイマーの専門病院に入院するようになって、私もメリーに頼んで、ボブを見舞ったことがあった。メリーは相変わらずボブが元気だったときと同じように話しかけ、私とも話して笑ったりしていた。

また、ボブとメリーともつきあいの長い友人のスミス夫妻の場合は、妻のほうがこの病気になっていった。私はスミス夫妻とはあまり親しくはなくて、一、二度パーティで会っただけであったが、そのときも友人たちは、特別に意識せず、でも温かな態度で接していたのを覚えている。

たしかに、配偶者ともなればたいへんだし、ある程度病気が進行すれば、医者の指示に従って入院したり、介護する人を頼むことになるだろう。私がカナダの友人たちを見ているかぎり、病人の記憶力は日に日に薄れてきても、人間の愛情は通じるように見えた。

現在は医学の研究も進んでいるだろうが、日本のように、家族がその病気になった人を他人の目から隠し、周りの人も特別視して避けて通ることは、アルツハイマー症の人をますます孤独にして、暗くしてしまうのではないだろうか。

カナダと日本での違いを見ていると、そう思えてならない。

私は、医者でもなく、特別の知識はなにもないのだが、この病気になったとき周りの人がやさしく接してくれて、友人知人が集まるとき隅のほうに座らせてくれたら、病人のほうは具体的に礼は言えなくても、周囲の友人のやさしさはその人に十分通じるように思う。

ボブの病状が進んで入院したときに、私も妻のメリーと一緒に病院に行き、散歩につきあったことがあった。

そのとき　片手を妻のメリーが支え、もう片方の手を私がつないで一緒に歩いた。私はボブのあまりの変わりように胸の詰まる思いだったが、メリーの話にあいづちを打ちながら歩いているうちに、自分の気持ちも少しずつ楽になってきた。

すると、最初ボブの手も冷たく、私の手もこわばっていたように思うのだが、どちらも少しずつ温かくなり、自然にメリーと笑いながら話せるようになっていった。

その日の夜、メリーから電話があり、

「カズコ、あの後からボブはなんとなく鼻歌のような声を出していたのよ。彼もきっと楽しかったのだと思うわ。お見舞いにきてくれてありがとう」

と言われた。

私は、この病気のことについてそれ以上は知らない。だが、カナダでの友人たちの接し方は私に強い印象を残した。

'98 8

現在、日本ではアルツハイマーも、単に年齢からくる「もの忘れ」と一緒にして「認知症」と呼んでいる場合もあるようだ。

思い返してみると、カナダの知人の中で、この病気が起こっているのは、ざっと十人に一人はいたように思う。日本の場合は病気になるとなるべく他人に接しないようにしがちだが、カナダのようにもっとオープンにして、もっとふつうに仲間に入れて上げられるようにしたいものである。

他人ごとではない。私自身や、私のつれあいがそうなったとき、多くの人がちょっと話しかけてくれるだけでもほんとうに助かるのに、と思えてならないのだ。

# 排泄について　尿もれと痔

「尿もれ」だけでなく、大・小いずれにせよ、排泄に関して困っている人は多いのではないだろうか。

排泄のトラブルは病気の一つだからといえばその通りではあるが、まず臭いの問題が伴うことが多いので、その悩みを持つ人は、どんなにかつらいだろうと思う。

私の場合も正直にいうと、六十歳を越えた頃、電車に乗って外出してから家の近くまで帰ってきたときに、急にトイレに行きたくなり、我慢して自宅に駆け込み、トイレのドアを開けるか開けないかくらいに、ほんのわずかではあるが、漏れたことが二、三回あったことを覚えている。

そのころ、テレビの番組で、尿もれを防ぐための体操というのを放映していた。腰かけて、膝を自然に揃え、尿が出ているとき急に止めることをイメージして、キュッと尿の出口（括約筋）を締める。それを繰り返す体操である。

　その後、六十四歳の春に腰を痛め、脊椎の臼状の椎骨がいくつか潰れたり欠けたりで、三か月くらい寝たきりに近い状態になった。

　とはいっても、トイレだけはなんとか起きて自分でしたいと思い、起き上がって歩いたが、その一歩一歩の痛みに耐え、一回のトイレに行くのに小一時間かかったこともあった。だから、できるだけトイレに行く回数を減らしたいという強い願望に私の体が対応してくれたのか、夜寝る前にトイレに行った後、朝、食事のために起きるまで、尿もれは一度もなかった。そればかりか寝ている間、一日に三、四回のトイレにいくだけですむようになった。

　これはひとつには、体を横にしていると、膀胱が上から押されないので、尿の出口にあまり強い力が働かないということもあったのかもしれない。そうやって痛みのために寝ている状態が三か月くらい続いた。

　それ以来、寝起きがあまり痛くなくなってからも、尿もれのようなことは一度もなく過ごしている。逆に、あまり回数が少ないとよくないかと思い、現在は夜中に目が覚めたときは一回か二回、起き上がってトイレに行くようにしているくらいである。

けれども、いまの私には、それに類似した悩みがある。

痔が始まったのである。

私の腰の状態は、腹筋・背筋など、腰を支えている何種類かの筋肉が弱っているようだ。

わかりやすく言えば、体の中の内臓を支えるというか、下がるのを防いでいる筋肉が弱くなって、下におりているように思える。

五十代の後半のころ、同じ年齢の友人が「私は子宮がさがって下から出てきてしまう」と話してくれたことがある。私はさいわいそういうことはなくて今日までできたが、大にしろ、小にしろ、トイレにいって用をたした後、肛門を指で触ってみると、親指の先くらいの筋肉がはみ出しているのがわかる。

それがもう三年くらい続いているが、それ以上は出てこないし、出血もしていない。

最初は専門医のところにも二、三回通ったが、私の体は、ステロイドアレルギーが始まっているので、座薬は使いたくない。

というわけで、痔に関しては医者にかかっていないのが現状である。

それができるのは、私の場合、大のほうの排泄がほとんど一年間一日も狂わず、朝起きてトイレに行ったときに、苦労することなく済んでしまうからだと思う。

おそらく、それに関しては食生活がうまくいっているのだと思う。そのうえ、私の腰は長時間の旅には耐えられないので、時差のあるような海外旅行などをしていないことも、一日一回の朝の排泄がうまくいっている理由の一つかもしれない。

私自身のことを正直に書いたのは、多くの高齢の人は、それぞれに排泄に関連したいろいろな病気を持って、それに悩まされながら一人で耐えているのだと思うからだ。それは高齢者に共通した悩みなのである。

とくに排泄については、美しく飾って外出し、友人とも楽しい時間を過ごしている人が、実は尿もれの症状を持っている場合があると思う。そのくらい尿もれに対して対処できる時代である。

いまは臭いの処理をはじめ、パッド類も昔とは違う機能を持ったものがいろいろ出ていると聞く。オムツもそうである。

その種の良質のものを使って、多少排泄の障害があっても本人が自信を持って外出し、自分のQOL（Quality of Life）を高めて暮らすことを、ぜひお勧めしたい。

# ウツ病かと思ったときに

「なにをするのも気が重くなってきて、ウツ病になっているのではないかと思っています」というような文面の手紙をAさんからもらったのは、二年くらい前だったろうか。

これまでは、彼女の手紙は字も美しく、文章も活き活きとしているうえに、彼女の前向きの生活が読み取れるような素晴らしいものだったのに、このときはそれが少々乱れていた。

けれども、自分自身でウツ症状を伝えてくるのは、さすがにAさん、自分を客観的に見ている。遠からず以前の魅力的なAさんに戻られるかと、遠くから祈っている。私にできることは、ときおり葉書を出して、気重く思われない程度のおいしいお菓子を送るくらいである。

私は、自分で言うのもおかしいが、ウツになる性格ではないと思っている。なにかいやなことがあって、本来なら落ち込むような状況になっても、一人で何日も口もきかず、ふさぎこむ性格ではない。だから私自身はウツ病とはご縁がなく過ごせるかと楽天的に考えている。

けれども、Aさんの例もあるように、どんなに前向きな生き方をしている人でも、なにか大きな悩みごとが起こったり、また、体の調子が悪くなったりすれば、だれに限らず、精神的に大きく落ち込むことは十分ありうることなのだろう。

そういう私でも、ときには二、三日、なにをするのも「よし、やろう!」という気にならないということがある。振り返って考えても特別に落ち込むような原因はない。あえていえば、腰回りの筋肉が日に日に弱ってきているように感じられるのだが、これはしかたがないことだ。

五十歳くらいの友人に、夫君が精神科医をしている人がいて、あるとき、ウツ病の話になった。私が、

「なんの病気に対してもなるべく薬を飲まないほうなので、精神的に落ち込んだからといって、睡眠薬とかトランキライザーの類は使おうとは思わない」

と言うと、彼女は、

「それはおかしいわよ。私は、ちょっとした気の重いこと、仕事のうえなどでいやなことがあったときには、夫に相談して、精神的な落ち込みが大きくならないうちに薬を処方してもらって、治してしまうけど」

と言った。日ごろ、とても親切で明るい人だし、なにかを相談しても、はっきりした自分の意見を言ってくれる人である。

私はこれまで心療内科など、精神的な落ち込みを治すための病院には行ったことはない。けれどもこの先、もし、私自身が精神的に少しおかしくなって、身内や友人が心配してくれるような事態になったら、信頼できる専門医に相談しようと思い始めている。

だが年齢が高い人ほど、なにによらず新しい治療や、初めての薬を飲むことには、いささか抵抗があるのではないだろうか。だから私の独断かもしれないが、このごろなんとなく落ち込みがちと思ったら、まずは自分を少し甘やかしてみるのもよいのではないかと思う。

とりあえず、家の近所でもいいから外に出て、いままで歩いたことのない道を行ってみる。できれば緑の多いところがよいかもしれない。

外の空気を吸って散歩するのは、なんでもないときでさえ、気分がよい。映画や観劇に行くのも、気分を変えるだろう。一緒に行ってくれる友人がいるのなら、頼んで一緒に外出する。率直に自分の精神状態を話して、いささかの「衝動買い」につきあってもらい、少々派手なブラウスを一枚買ってみるのもよいかもしれない。

日ごろ自制している甘いケーキ類を食べるのも、予定外のショッピングをするのも、気心の知れた友人が一緒なら、けっして逸脱した方向にはいかないと思う。

外出があまりできない状況なら、十分とか二十分間など時間を決めて、電話でいまの自分がつい考えてしまうことを素直に話して相談に乗ってもらうのも、よい方法ではないかと思う。

「ウツ」も病気の一つである。風邪を引いたときでも、とりあえずは温かくして早く寝て、できれば一晩で少しでも軽くなるようにするだろう。それと同じように、自分なりに、自分を大切にし、少し甘やかし、友人にも助けてもらって、暗い考え方から抜け出せるようにしたいと思う。あせる必要はないが、軽い状態のときに、ちょっとしたくふうをしてみよう。

それでもダメなら、専門医に診てもらって、できるだけ毎日を明るく暮らしたいものである。

# 「グチ」を言わずに「弱音」を吐く

年をとってくると、グチっぽい話が多くなるとよく耳にするが、振り返って考えてみると、中年くらいまでは、グチを言うか言わないかなどと考えたこともなかった。

「グチ」とよく似たものに「弱音」がある。

だが、先日、朝日新聞で精神科医の香山リカさんもいっていたが、「グチ」と「弱音」は似ているようで違うものである。

若いころは「弱音をはかないでがんばれ」などと親や先生から言われたことがあったが、私のように七十歳を越え、杖をつかないと歩けないくらいになってくると、必ずしも弱音を口にしないほうがいい、とは言えない。

冷静に考えると、グチっぽく話す年寄りとは、同世代の私でもおしゃべりをしたいとは思わないが、上手に弱音を吐くのはいいのではと思う。

たとえば私の腰痛について、相手はそのことに強い関心を持っているわけではなくともなんとなく気にかけてくれて、「その後、腰の具合はいかがですか」などと言ってくれる。そう言われるとつい長々と、いかに痛いかとか、自分の生活の上でいかに不自由していてつらい思いをしているかを話してしまいがちである。そして話してしまってから、こぼし話をした自分に嫌悪感を覚える。

こうしたグチではなくて、本当に自分が困っていて、助けてもらいたいことがあればそれを言えばよい、と後で反省するのだが、なかなか上手には言えない。

たとえば、なにかに誘ってもらったとき、

「本当に残念！　この頃、急に腰が弱くなってきちゃって、長い時間、椅子に座っていられなくなってきたの。自分でもいやになってしまうことがあるのよ。でも、そういう私でも行けそうな集まりなどがあったら、また誘ってね」

というふうに返事をすれば、聞いている人の印象がずいぶん違うのではと思う。

でも、私もこのように頭で考えているときには少しは格好いいことも言えるが、ふとした友人との会話の中では思わず「グチ」を言ってしまう。かといって、こぼし話をしてはいけないということではない。何度も言うように、グチと弱音は違うのだ。

「私はほかの人に比べれば恵まれている。病気も自分よりもっと状態の悪い人がたくさんいるのだから」と、弱音を吐かずに我慢して口をつぐんでしまうと、それもストレスの原因になってしまうのではないだろうか。

日頃鬱屈《うっくつ》をためているから、それがちょっとしたきっかけでグチとして噴き出すのだから、まず身近な友人の中の話しやすい人に、いま自分がつらく思っていることを、相手がわかるように話してみる、それが第一ではないかと最近思い始めている。その結果、たとえ「グチ」になってしまっても、それをわかってくれるのが友人なのかもしれないと思う。

遠慮がちな性格で「グチ」も「弱音」も言えない、と自分で思い込んでいる人は、自分の周りの友人を何人か思い浮かべてみてはどうだろうか。一人ひとりの顔を思い浮かべていくと、いつもほかの友人からあてにされていて「グチ」であれ、相談ごとであれ、話しやすいと思われている、そういう人に思い当たるはずだ。

ほかの人からあてにされる、相談するとよく話を聞いてくれる、と思われているということは、必ずしもその人は相談されることをいやだとは思っていないことが多い。そういう人に話してみたらどうだろう。

ただ、こちらもちょっと考えて、自分なりに素直に弱音を表に出すという気持ち、「あなたならきっと聞いてくれて、そのことで私が楽になれるから話す」そういう姿勢で、グチにならないように気をつけて話してみることを勧める。

そして、話すことによって、悩んでいたことから少しでも解放されたら、次には、素直に謝りながらお礼を言ったらと思う。

人間はどんな場合でも、一人では生きていけない。いつもグチっぽくこぼし話をしているのはよくないが、時には思いきって話を聞いてもらうと変わることもある。

自分の弱いところを素直に見せて、力になってもらう、そういうことから親しい友人ができてくることもあるのではないだろうか。

# 6

# 高齢者の食事と台所

# 体重をおだやかに安定させる

私が七十二歳になった四年前の秋ごろだったろうか、ＮＨＫテレビの「ためしてガッテン」という番組で、ダイエットをテーマに取り上げたことがあった。

ダイエットに関して私は、中年を過ぎて何回か試みては失敗した記憶がある。苦い経験をしているので、目新しいものとか、かたよった食べものだけを食べたり、特別の薬などを使うようなものを、この年齢になっていまさら試してみるつもりはなかった。

けれども、ＮＨＫのこのシリーズは、これまでも他のテーマもいろいろと取り上げてきたが、どれも理屈の裏づけのある納得できるものばかりであったので、ともかく放送を見た。

結果をひとことで言えば、最小目盛りが五〇グラムのデジタルの体重計を使って、朝晩、決まった状態での自分の体重を量って記録するというものである。

その特別の秤を購入するについて、はじめ夫はあまり前向きではなかった。それでも放送の翌日、そのような秤を扱う店に電話を入れると、すでに二か月半は予約でいっぱいだという。

いずれにせよ、いよいよ秤が到着すると、積極的ではなかった夫も、毎朝起床後の計量を記録しはじめた。そして、もちろん私も、朝の手洗いをすませたあと、パジャマを着たままの体重を量り、毎朝記録して、今日に至っている。

最初の四か月くらいで二キログラムほど減ってからは、六二キロと六一キロの間を増えたり減ったりで、なかなか六一キロを切らなかった。六二キロを切ってから、六一キロをさらに切るのに二年かかったが、急激に増えたり、また急に減ったりもせず、六二から六一のあいだを上下するだけだったのも、この秤のおかげだと思っている。そしていつの間にか、六一キロを切って六〇キロ台になっていた。なかなかうまくいかないと気にしながらも、あまり無理をしなかったが、いつの間にか六一キロを切っていたのである。しかしその後は、六〇キロを切ることはないままに今日に至っている。

それは若い人のするような極端な食事制限をするダイエットではなく、規則正しい食事時間を心がけ、食事の中身も、種類は多くてもそれぞれの量をできるだけ減らすようにしたからではないかと思う。私の場合、なににようず、食べるものについては、肉や魚であれ、甘いものであれ、夫と半分にすることを基本にした。

ただ、夫はなんといっても肉が好きだ。それに比べて、私が好きで体にもよいといわれている魚料理、とくに魚の切り身などを使った煮魚を夫は一口も食べようとはしない。だが夫も食べてくれる焼き魚なら、一切れを半分にするし、肉も、これまで食べてきた量の半分を目安にした。お米の量も、たとえばコンビニで売っているお弁当についているご飯一人前を、夫に三、私に二くらいの割合で分けている。

食後の果物も、たとえばリンゴは一人四分の一、おまんじゅうのような甘いものは、できるだけ小さめのものを買って冷凍しておき、昼食後と夕食後に、それをさらに半分にして夫と分けることにした。それでどうしても物足りないときは、小さなチョコレートを一つつまむこともある。

毎日秤に乗り、五〇グラム単位の目盛りによって数値がはっきり出ると、二〇〇グラムか三〇〇グラムといったほんの少しの増加も見逃すわけにはいかない。けれども一方では、同じように食べ、飲んでいても、夜中にトイレに一度も行かないだけでも二〇〇～三〇〇グラムくらいは違ってくるのである。その体重の細かな上下に一喜一憂せず、毎日量り続けることが大切だ。

また、温水プールに行った翌朝は、たとえ夕食がいくぶん多く、飲む水の量が多くても、翌朝の体重の計量が前日より減っていることが多い。

夫は、温水プールには行かないが、万歩計をつけて、できるだけ多く歩くようにしている。すると七千～八千歩あるいたときは体重が減り気味だが、車での私の送り迎えばかりで一日じゅう自分の足で外を歩かない日には、万歩計の目盛りはせいぜい四千歩くらいだそうで、そういう日には翌日の体重計の数値がてきめんに増えているという。

夫も私も、外食のときはあまり難しく考えないで、それぞれ、そのときに食べたいものを摂っている。

いまの私の食生活と運動に関しては、無理のないところで落ち着くところに落ち着いているように見える。温水プールに三日か四日に一回行き、約一時間、水中での運動をする。必要な栄養も十分とっている。だから、あと一キログラム減らしたいという気持ちはあるが、いまの食事と運動の日課を続けられればまあいいか、とも思っている。その「続ける」ということを毎日ちゃんと継続するために毎朝体重を量っているとも言える。

こうして体重を量ることによって自覚することは、第一に、夕食のあとの甘いものをできるだけ少量にすることである。

そして、食生活を自覚することで、好きな野菜だけでなく、あまり食べたいとは思わないが、体によいと言われているサツマイモ、カボチャ、葉ものなどを、たとえ少量でも毎日どこかで摂ることも健康維持に役に立っているように思う。

しかし、体重を気にしているとはいっても、もちろん、水分はできるだけ一日に何回もとっている。水をカップ一杯飲むだけで体重は二〇〇グラム増えるわけだが、水分を摂ることによって排泄もよくなるわけなので、どちらかというと水分を多い目に摂るほうが減量のためによい結果が出ているようだ。

その食生活と運動のおかげなのか、私自身の排泄、とくに大のほうは、一年間例外がないといえるほど、起床後すぐに一日の分が済んでいる。この状態を続けていられることは、これも健康のバロメーターの一つだ。

けれども私は現在七十六歳であるし、なにかのきっかけで体力が低下することは否めないだろう。

今のところ、毎朝量る体重が増えも減りもしないで、ある幅で一定していること、種類の多い食事、歩くことに加えて週に二回の温水プールでの運動、そして「早寝遅起き」。それにさらに加えて時間が取れるかぎり、午後、三十分から小一時間、横になること。これらのちょっとした努力を、できるだけ続けていこうと思っている。

# 高齢者が使う台所

若いときの使いよいキッチンとは、動線がいいとか、シンクの高さも自分に合っているなど、働きやすさが第一のポイントだったと思う。また、インテリアの面でもデザインがよく、楽しくそこにいられることも、大切なことだった。

私たち家族は、現在住んでいる家に住みはじめて三十二年になる。

この台所はI字型のキッチンで、横に動く動線なので一人で働くときは使いよい。それに一軒家にしては狭いほうなので、今の私の年になると、動き回らなくてよいことは、高齢者向きといえる。

シンクの前に立って調理し、後ろを振り返るとハッチがあって、食堂へ料理などを渡すことができる。その反対の端は、冷蔵庫を置く場所だが、細長い中型の冷凍冷蔵庫が入るだけしか幅がない。若いころは不便に感じたこともあったが、このぐらいがかえって現在の夫との二人暮しにはちょうどよい。高齢になってくると、冷蔵庫はあまり大きいものを使うのはよくない。大きくなるほど無駄なものでいっぱいになるからである。つい余分なものを入れてしまい、奥のほうに何が入っているかもわからなくなる。

今は自分で食事の支度をする回数が減り、それも簡単なものを一つか二つしか作らなくなってきているので、冷蔵庫の中にこれまでは常備してあったものも整理している。

口では「整理」といっても、なかなか思い切れないので、時間のあるとき、一つの棚に入れてあるものを全部出して本当に使うものだけを戻し、あとは思い切って捨てる。最近では野菜や果物も、たとえ割高でも一個売りのものを買ったり、缶詰を使ったりするようになった。

六十五歳を過ぎる頃から、もうこれからは使わないと思われる鍋や調理器具などの台所道具も整理しはじめた。友人やら、わが家に立ち寄っておしゃべりをしていく人などに持って帰ってもらったりして、キッチンにある道具を徐々に減らし始めたのである。

それとともに、小ぶりの片手鍋をいくつか買った。今、シンクの蛇口のすぐ上の、二段になっている水切りのよい棚には、二つの赤いホーロー製の鍋、それより少し大きい（一リットルくらい入る）アルミの鍋一個が載っている。

もう一つ、ステンレス製といっても、小さくて軽い、やはり片手鍋を使い始めた。それは水をいっぱいに入れても四〇〇ccが最大のもので、夫と私二人分の茶の湯とか、インスタントスープを作るときだけのために買った。重さは一五〇グラムで、鍋の熱容量が小さいので、水カップ二杯弱を入れてガスの火口に載せると、湯呑み茶碗を用意したり、急須を洗っている一、二分で水は沸騰しはじめる。

十年くらい前に思いついてその鍋を買ったのは、少量の茶の湯を沸かすために鍋やケトルの空焚きをしたくないと思ったからである。

普通の大きさの笛付きのケトルだと中が簡単に洗えないうえに、熱容量が大きいので沸くまでに時間がかかる。ところが、小さな鍋だとすぐ湯を沸かせる。もちろん、この鍋は湯を沸かす専用にしている。

客があるときはケトルを使う。水の量のせいもあるが、沸騰すると笛が知らせてくれるからでもある。私は電気ポットは使わない。一つには重くて私の体に合わないし、注ぎ足しをしていると電力も無駄だし、無駄に湯を沸かすことにもなり、不潔でもある気がして、わが家には向かないと考えた。

台所で最も気をつけていることは、第一に火の用心、二番目は清潔である。

火の用心のほうは、キッチンから離れるとき、とくにダイニングキッチンそのものから出て行くときには、火がどうなっているか必ず確認し、たとえガスをつけていなくても、火口には絶対に鍋を置かないようにしている。そして外出のときはもちろん、長時間キッチンから離れるときは、二つの火口を手のひらでさわって、そこを離れる。

一方、清潔については、まず食事が終わるたび、食器は必ず洗って、置くべきところに戻す。シンクの横の生ゴミ入れには、小さなプラスチック容器に、店で買いものをしたときにもらう小さなビニール袋を入れておく。食事が終わるたびに生ゴミはそこにすべて入れて、袋の口を結んで、小蠅などが入らないようにする。台所を使わないときに生ゴミに虫がつかないようにしているのである。

そして夜寝る前はもちろん、朝でも、ゴミがたくさん出たときは、外の蓋のあるゴミ容器に入れる。そして、シンク周りはもちろんのこと、使ったスポンジのたわしも水を切る。とくに夕食が終わってすべてを片付けたら、シンクに置いてあるプラスチックの水切りざるも、すべて拭きあげる。

コンビニなどで買ってきたおかずの容器も、捨てる前にまず残っているものは生ゴミ入れに入れ、どろりとついている汁も紙で拭いたり洗い流したりして、燃えないゴミ用の蓋つき容器に入れる。

要は、キッチンでの用事が終わったとき、虫などが迷い込んでも、食べものは一切ないようにしているわけだ。若いときと違って高齢になると食中毒は本当に命取りだから、神経質にならざるをえない。

こうやって若いとき以上に神経質に清潔にしているからか、この夏は一度もゴキブリが出てこなかったし、小蝿のような虫も飛んでこなかった。

このほか高齢者にとって働きやすい流しの高さ、たとえば流しの下に膝が入るようにして腰かけたまま流しで食器などを洗えるような設計に作り直せば便利だとは思うが、現実にはなかなか難しい。それよりは、立って仕事をするときに腰の負担を減らすために、片足を一〇センチくらい持ち上げてのせられるようなレンガの少し大きめの台を置くのも一つの方法である。流しの前に前かがみになって立つとき、片足を少し上げて台にのせると少し体をねじるようになり、腰への負担が少ないといわれてい

る。

少しでも自分で調理ができるのは、高齢者にとってリハビリにもなり、楽しみにもなる。自分なりに工夫して、少しでも動きやすく、居心地のよい台所を使い続けたいものである。

# 中年からの食生活

現在私は夫との二人暮しである。昨年金婚式を迎えたが、夫がいささか高血圧で私が腰回りの筋肉が弱っていること以外、入院をするような内臓系の病気をかかえてはいない。ありがたいと思っている。私は温水プールでリハビリをする以外は特別のスポーツをするわけでもなく、まして、最近よくいわれる特別のサプリメントや、民間療法のような薬も常用していない。

さて食事は、というと、夫と二人分とはいえ、今の私の腰の状態では、キッチンのシンクの前に立って調理をするのは、ほんの短時間しかできなくなっている。だから、外食やお総菜を利用する割合が高いのだが、私なりに栄養のバランスや塩分の摂りすぎには気をつけている。

朝は、まだ少し私の腰の調子がよいので、おもに私が用意する。卵は一日おきくらいに食べるが、目玉焼きさえもしない。ほとんど茹で卵である。そのかわり、具だくさんの味噌汁に菜っ葉やブロッコリーをゆでたものをつける。芋類やカボチャを煮た常備菜などは、週二回来てくれるヘルパーの人に作っておいてもらう。

昼は「歩く」運動をかねて、半分以上はおふくろ定食のようなところで、焼き魚などを食べる。そうでないときは、焼き魚がひと切れ入ったコンビニの弁当を一人前買ってきて、ご飯はもちろん、すべてのおかずを半分に、ご飯は夫に多めにする。それに、家で作ってある味噌汁か洋風のスープ——これも実だくさんの、トマト味か牛乳をたっぷりいれたホワイトシチュー風の汁ものを、カップ一杯くらいつける。

夕食はうどんやそばをゆでて、昼間買っておいたおかず、そしてわが家自慢の、夫が朝漬けておいた糠づけがつく。自家製だから、塩分は非常に少ない。

週二日ヘルパーの人が来てくれるときは、必ず焼き魚を作ってもらっている。

最近は、あるコンビニが取り次いでくれるおかずを、夕食用に週に二、三回注文している。そのコンビニに登録しておくと、日替わりのおかずの組み合わせ一か月分のカラーのカタログがまず送られてくる。そのカタログ通りに注文すれば、主菜と副菜二、三種類がついて一人前六八〇円である。

わが家では、その一人前を二人で分けて食べることが多い。夫は私より好き嫌いが多いので、ときにはカタログの組み合わせ通りではなく、単品で取り替えたり、他にもう一品つけ加えたりする。このコンビニ宅配は老人給食ではないのだが、比較的油っこくなく、味も薄味である。

これまで地域の高齢者用の配食サービスを何種類か試したが、それよりは現在続けているこのコンビニのもののほうが味もよく、変化にも富んでいる。

ときにはカタログの中から、豚肉の生姜焼きとサバの塩焼きと両方を頼むこともあるが、このほかに家で作る常備菜の野菜と作り置きの野菜たっぷりの汁物があるので、栄養的には、そこそこバランスが取れているかと思う。

「体重をおだやかに安定させる」の項にも書いたように、夫も私も、この二年くらい体重は増えていないし、夫がたまに風邪を引くくらいで、内臓系の病気については健康な暮しが続いているのは、食生活がそこそこ健全だからかと思っている。

高齢者がともかく自立して暮らす場合、栄養のバランスと同時に、できる範囲で自分たちの選択に幅があることは大切ではないだろうか。

全部自分で作ろうと無理をするのではなく、給食サービスをはじめ、お総菜や、スーパーの調理済みのおかずやご飯を利用したり、ときには近所の食事のできる店の一、二品をテイクアウト（持ち帰り）するなど、少しでも食生活に変化をつける工夫が大切だとも考えている。

明日はもしかしたら入院する、ホームに入るなど、自分の好みの選択が許されなくなるかもしれない。できるうちに、自分で努力して食生活を楽しいものにしていきたいものである。

# 歯を大切に

人間が健康に生きていくうえで、歯は非常に大切な器官の一つであることはだれでも知っているが、若い間はそれほど真剣に手入れをしない。

私もその一人で、いいかげんな手入れをしてきたこともあるので、前歯の一本の裏側が欠けて補修もしてあるし、臼歯も六本は、詰めものをしたり、かぶせたりしてある。

ただ、私は入れ歯がない。いまの私の年齢になって、自分の歯で嚙めることはありがたいと、あらためて感謝している。

ではなぜ、幸い自分の歯が残ってきたのか。

まず、私は、四十歳くらいまでは、半年に一回は歯医者に行っていた。

また、三十年くらい前に海外で暮らして、そこで糸（フロス＝dental floss）を使って歯と歯の間の汚れをかき出すことを多くの人がやっていることを知った。これは歯と歯のあいだのわずかな汚れを取るだけでなく、糸を歯茎のところまで下ろして糸の左右を二、三回引くと、歯茎のマッサージになることもわかってきた。

最初のうちは血が出ることもあったが、毎食後繰り返しているうちに、そこの歯茎が丈夫になるのか、少々強く糸でこすっても出血しなくなった。また、歯間ブラシも二十年くらい前から、日本でも売り出した。

だからここ二十年ぐらいは、食後、歯ブラシで歯を磨き、次に歯間ブラシを使って歯と歯の間の食品のカスを取り、最後に糸ようじを使って磨いている。そのおかげか、歯槽膿漏になりかかっていたところも痛みが止まり、歯茎から血がでることもなく、全部自分の歯を使って食事ができる状態を七十六歳まで続けることができた。

実はそれには、偶然近所に開業している歯医者さんも大きな力になっている。夫の学生時代の友人がたまたま近所に住んでいて、その人の紹介でその先生のお世話になることになったのだ。

変わった先生である。

紹介者があっても、めったに初診は受けつけない。今年の春に夫が歯石を取っても

らうために先生のところに行ったとき、

「昨年は一年間で新しい患者は三人しか診ないですんだ」

と自慢しておられたと夫が話してくれた。そのうえ、診察料が信じられないほど安いのである。お礼になにかを送ろうとしても、ほとんど受けとってもらえない。

そして最初の予約のときは、まず最低三十分以上お説教である。

たとえば、「食事は硬いもの、たとえば、ゴボウなど根菜類や菜っ葉類を多くとる。夕食後歯を磨き、口の中をよくすすいだら、寝るまで菓子などはなにも食べるな。とくに子どもには甘いものを食べさせない。親の育て方の悪さの後始末を医者にさせるのは止めてほしい」などである。

先生の言葉はもっともなことばかりであるが、一つひとつ「ハイ、ハイ」と真面目に聞くのは、たいへんである。

しかし、二十数年お世話になって、私たちが自分の歯で今も食事ができるのは、ひとえに先生のおかげと感謝している。

ところが最近、ある朝目覚めて左上の歯を使って嚙むと、歯のつけねの奥のほうが痛いのである。二日ほどすると、左上の臼歯の内側の肉がプクッと腫れてきている。

急いで歯医者に行くと、歯と歯茎の境のところに歯石が溜まり始めていると言われ、歯茎をめくるようにしてガリガリと歯石を取ってくださった。そして抗生物質の一つ「クラリス錠」を五日間飲むように言われてその日の治療は終わった。

五日たってまた行ったときは、炎症もほぼ落ちつき、左の歯で噛んでも痛くなくなっていた。医者は、痛くなったところだけでなく、口の中の上下左右の歯肉と歯の間に、消毒液をジェットのように噴射させて、それで治療は終了した。

「南さん、以前と同じ程度に磨いていてもだめです。年をとると体力が衰えているので、以前にもまして丁寧に磨きなさい。歯周病菌はすぐに数を増してくるので、食事が終わるごとに汚れを掻き落とし、清潔にしておくことが大切です。歯ブラシを使うとき、歯を磨くのではなくて、歯と歯肉の間にブラシを当ててマッサージをするように口のなか全部を磨くのです。

とくに寝る前は、朝・昼の歯磨きの十倍くらい丁寧に、隅々まで汚れや糖分を取り去って、残らないようにしなさい。歯のためだけでなく、一日に何回も、熱いお茶を飲んで口に含み、しばらく口の中に含んでから飲み込むのも、やってごらんなさい」

と言われた。

それ以来、私は朝・昼・夜、外出するときも歯ブラシ、糸ようじ、歯間ブラシを持っていき、常に口の中、隅々までなにも残らないように気をつけている。

そのおかげで、とくに夕食後は、寝るまでになにかちょっとつまみたくなっても、磨く面倒さを考えてしまい、いっさいの間食をしなくなった。

もう少し若ければ三日坊主ということもありうるが、私の腰が少しずつ弱っていることもあって、いつまでその歯医者に通って治療してもらえるかわからない。

一日合計で二十分くらい、と今のところ根気よく続けている。歯のために時間を使えば、死ぬまで自分の歯を使って暮らせるのなら、歯ブラシ、歯間ブラシ、そして糸ようじを、毎食後がんばって使っていこうと思っている。

# 7

# やっぱり最後は人とのつながり

# 人間最後はひとり

私は小さいときから、一人での留守番がきらいだった。

私が七歳のとき一歳になったばかりの妹が亡くなり、十二歳になったときに次の妹が生まれるまで一人っ子として育ったことが理由かどうかはわからない。

大学生になっても、私は家にだれもいないとなんとなく怖いような寂しさを感じていた。

結婚し子どもが生まれても、その子たちが大きくなれば、夜遅く帰ってきたり、泊りがけで家にいなかったりする。そのうえ夫も出張の場合、夜、家の中で私一人になるのは、なんとなく怖いというか、いやな緊張感があって、きらいだった。

しかし、そんな甘ったるいことはいつまでも言っていられない。夫がいついなくなるか、それはだれにもわからないし、何十年も一人前の大人として暮らしてきたのに、なんで小さな子どものようなことを言うのかといわれそうである。

一人で暮らすことが寂しいというわがままは別として、たとえ一人になっても周りの人に大きな迷惑をかけず、あまりだらしなくしないように、そしてできれば、こぎれいに暮らせるようにしておかなければとは思っている。

二年前の夏、草津に一か月半ほど逗留している間に、夫が、医者の検診や家の雑事を片づけるために東京の家に五日間ほど帰ったことがあった。

「せっかく東京に帰るのならば、兄弟でゴルフやら、友人とマージャンなどやっていらっしゃいよ」

と、口では言ったが、心の中では少し後悔していた。

わたしの腰の治療のために、暑い東京を避けて、爽やかで涼しく、温泉のある草津の高原に来たのである。いくら東京に用事があるからといって、いまの私の腰の状況では、車の振動に耐えて何時間も車に乗るのはけっしてよくない。せっかくここに来られたので、私は静かにここに居続けたほうがよい。だからといって、夫を私のために、草津に縛りつけておくのは申しわけないと思っていた。だから夫には「大丈夫」と強がりを言ったのだが、一方で草津の宿で一人で留守番をするのがなんとなくいやだったこともたしかだ。

夫が出発する日、口では気軽に「行っていらっしゃい!」と、ひとことあっさり言ったものの、心の中では「五日間我慢すればいいのだ」と思い、一日過ぎると、「あと四日だ」と思ったりして過ごした。

もちろん、夫も私の一人嫌いは知っているし、若い人のように甘い言葉は使わないが、毎日電話をかけてくれ、家に届いている手紙類をすぐに郵便で送ったりしてくれている。私も夫がゴルフに行く予定の日に、テレビで「東京は三十六度」などと言っていると気になって、帰宅の時間を見計らって電話をし、安否を尋ねたりした。

そうやって一人でいる間、たとえ宿で食事を朝・夕と用意してくれ、部屋の掃除もベッドメーキングまでもやってくれ、温泉も入りたいときに入れて、浴槽を洗ったりする必要もないとはいえ、宿の人たちには頼れない日常の生活の中で夫が細かなことでいろいろしてくれていたことを、改めてありがたいと感じて過ごした。

それに昼食は宿では出ない。夫がいれば車で出かけてどこかで食べたり、近くのスーパーへいっしょに買いものに行けるのだが、宿の近くの私が歩ける範囲にはコンビニもない。ちょっとしたサンドイッチのようなものや牛乳などを売っている店もないのだ。

「いやだ。困った。夫がいないから」などと子どもみたいに考えてしまいそうになる。だが、もし本当に夫がこの世にいなくなれば、そんなわがままは通用しない。

それはいつか当然起こってくることだし、未来のことを仮定して細かいことを気にするのは意味がないとわかっている。とはいえ、そのときは少なくとも私の体は今よりは弱っているわけで、ひとりぼっちで生きていくのに耐えていかなければならない。「耐える」というよりは、それが人生なのである。

私の周りの同年輩の友人の中には、つれあいを亡くした人が何人もいる。ひとりひとりの心の中まではわからないが、日常明るい性格で、友人もたくさんいる人でも、しばらくは電話をかけるのも、彼女の反応を考えるとつらかった。なるべく彼女の夫の話に触れないように話を進めても、ちょっとしたきっかけで、彼女は涙声になってしまう。友人のそういう状態は、彼女の夫が亡くなってから半年近く続いた。

だが半年たったころから、彼女は私や周りのほかの友人とも外出をし、一年近く過ぎる頃から、友人たちと旅にも出るようになった。彼女は日ごろは強気なことを言っている人だが、彼女のつれあいが元気だった頃は夫第一に考えている人だった。

夫を亡くす悲しみは年齢には関係ないと思うが、世話をしなければならない子どもがいたり、生活のことを考えなくてはならなかったりで、一人取り残された悲しみに沈んでいるゆとりのない人もいるだろう。

若いから、年寄りだからと、つれあいを亡くす悲しみに違いはないとは思うものの、年をとってからのほうが、気力も体力も弱り、そのうえ、何十年と一緒に過ごしたことによる空気のような存在は、ほかのだれによっても慰められないだろうと思う。けれども、人間の「死」はだれも避けては通れない。「人間最後はひとり」ということに一人嫌いの私は耐える自信はない。

とは言うものの、人生は先のことは予定が立たない。夫が先か、私が先かはだれもわからない。そんなことを思いわずらうことよりも今日を大切に生きていくほかはない。それはわかっているのだが、つい夫がいなくなった後のことを考えてしまう私であった。

# つれあいを亡くした友人に

「あなたがもしもいなくなったら……」

私は夫との会話で、この言葉を口に出すことが多くなってきた。

「なんだか、ぼくが先に逝くのを待っているみたいな感じだね」

夫は、顔は笑いながらではあるが、そう返してくる。

私は少しあわてて気味に弁解する。

「だって、あなたが一人で残っても、困ることないでしょう。私の介護を気にしなくてすむようになるし、私が死んだら、翌日からでも海外旅行に行ってくださってもいいし、もしも来てくださる方があれば、どんな人とでも、どうぞ一緒に暮らしてください」

冗談ではなく、真面目にそう返事をしている。

私の友人知人も、七十歳を越えてくると、ボツボツと、つれあいを亡くす人が出てきている。

私の最も親しい女友達が夫を亡くしたと、その娘さんから夕方電話が入ったときは、私も本当にショックだった。彼女とは何十年のつきあいで、ご主人のほうも何度か会ったことがある。ご主人は病気が少しずつ悪くなって入院し、そして亡くなった。ある程度予期していたとはいえ、友人の気持ちを考えると、どんなにかつらいだろうと、私でさえ、その夜は眠れなかった。

翌朝、夫に車に乗せてもらって駆けつけた。彼女と私の関係では、取り込んでいるのではないかなどと考える余裕もなかった。

その前の晩、病院から遺体を家に運び、私が着いたときは、遺体はとりあえずご主人のベッドに安置されていた。

彼女は、玄関に立った私の顔を見ると、何も言わずに私を引っ張るようにして、夫婦の寝室に私だけを入れた。そして駆けつけている息子や娘の家族も入れないように、ドアを閉めた。とたんに、私に抱きつくようにして、声を出して泣き出した。

彼女と私は同じ年齢であるだけでなく、長いつきあいの中で、彼女たち夫妻の関係をよく知っていた。ご主人はもの静かな人で、妻の言うことになんでも従っているように見えるが、実のところ彼女は夫を本当に大切にしていた。彼女はひとしきり泣いて、やっと顔を上げ、

「顔を見てやってください」

と、ご遺体のほうへ私を連れて行き、顔に掛けてある白い布をそっとはずして、私に拝ませてくれた。

人が亡くなったときの次の朝は、それこそ悲しんでいる余裕などはない。まわりのあわただしさに私ははっと我に返り、夫とともに帰宅した。

その後、私は長時間のご葬儀に列席できる体ではないので、夫にだけ行ってもらった。

後日、彼女から電話が入り、私のいささか非常識な「突然の訪問」をとても喜んでくれながら、すぐに涙声になった。その後も私がときおり電話するたびに、声がうるんでくる。ご主人の話をするわけではないのだが、しばらくそういう電話のたびに涙声で話す状態が続いた。

何かにつけ夫のことを思い出し、ふとした折に「あっ、夫はもういないのだ」と気

がつき、涙が込み上げてくるのだろうと思った。

私の場合、今は夫がともかく元気で私の世話をしてくれていることは、本当にありがたいことなのだと、そういう友人と話すたびに思う。

つれあいを亡くした友人の中には、自分の夫のことを知っている人とはつきあいたくない、と電話や手紙なども拒否する人もいる。一方、亡くなって数か月経って、月命日にいく墓参りに「一緒に行ってくれる?」と頼む人もいる。そういうときはほっとするし、「あなたはいいわよ。いいご主人がお元気で」と、はっきり言う人はまだつきあいやすい。

どんな人でも、年をとってからつれあいを亡くした人は、立ち直っていくのがたいへんだろうと思う。

私も、いま現在は夫が元気でいてくれるが、夫が外出するたびに、もしも外でなにか起こって帰ってこなくなったらどうしようなどと、子どもみたいに考えることがある。

前からつれあいが亡くなったときの心の用意をしておくなどということは不可能だと思う。人生はだれも先のことはわからない。

ただ、夫を亡くした友人に、どう言えば少しでも慰めになるのか。いずれは私も通る道なのだろうと思いながら、なにか私で役に立てることはないかと、そっと彼女の後ろに寄り添うような気持ちでいる。

# 年上の友人のこと

かつての大学や高校の恩師の中に尊敬する先生は何人かいたが、私より数年年上の友人・知人、そして親戚関係の中でお手本にしたい人は、いるようでなかなかいない。だが私には、二十年以上もつきあっている香山さんという年上の友人がいる。この方は最初の出会いから魅力的な人という印象があり、会うたびになにかを教えてもらっている気がする。

香山さんと初めて出会ったのは、私が四十代半ばのことである。夫の転勤のため、カナダに三年間暮らした私は、帰国後、多くの在日外国人と交流する女性の会を作ったところだった。その会はいまでいうＮＧＯ（非政府組織）というのだろうか、お互いに対等で、あるときは私たち日本人側が簡単な家庭料理を持ち寄ってメンバーのだれかの家でホームパーティを開き、反対に、それぞれの国の人たちが同じように手作りのお国の料理を用意して招いてくれた。そのパーティに、香山さんが友人に誘われて出席することがあったのである。

その当時、香山さんは和服の着付け教室で教える先生だった。私たちの会に出席したとき、彼女の着物姿は外国の人に喜ばれ、外国の夫人たちが「日本の着物を着てみたい。そして写真を撮りたい」と言い出した。

そこで、まず手始めに、あるアジア系の国の大使公邸で、そちらの国の人が三十人くらい集まって、その人たちに着物を着せてあげることになった。そのとき香山さんは、自分のお弟子さんを数人連れて、それぞれがいろいろな着物を背負うようにして来てくれた。

香山さんがお弟子さんにいろいろ指示して、必要なときには英語も少し交えながら外国の人に次々と着物を着せていく姿は、外国の人にも、私たちにも、非常に印象的であった。

今から二十数年も前のことである。まだ外国に行ったことのある主婦は少ない時代だった。後から聞いてみると、香山さんは戦前のミッションスクールの出身だったそうで、英語も少し話せる。だから外国人の前でも香山さんは少しものおじせず、たとえ滑《なめ》らかでない英語でも、相手の気持ちになって、テキパキと一人ひとりに合う着物と帯を選んで、みんなが満足できるように指示していったのだ。その合い間にほめることも忘れないし、一つの着物を二人が着たがるときも、最初の人に急いで着せて写真を撮り、次の人に手渡すと、「もう一つトライしてみませんか」などと、上手にさばいていく。

いつだったか、気取らずさらりと話してくれたのだが、香山さんは子どものときから東京の下町・神田近辺で育ったらしい。そこでご主人と知り合い、結婚してからも、神田の近くの戦後まもなく建てられた都営住宅、それも十一階建ての十階の2DKから新婚生活をスタートしたという。

その後、郊外に家を建てることも考えたらしいが、神田駅から二、三分、三越デパートまで歩いて五分という都営住宅のロケーションのほうを彼女は選んだのだそうだ。そして、家を建てれば、それなりのお金を使うが、その分をもっと別の形で有効に使うことにしたと言うのである。

たとえば、神田という地域を生かして、近所のプチホテルに、夫と散歩もかねてしばしば朝食を食べに行くという。昼食や夕食を外食するのはよくあることだが、ホテルで朝食、というのが、いかにも彼女らしく格好がいい。

また、ロケーションを生かすという意味では、いわゆるデパ地下も十二分に利用していると話して、私たちをうらやましがらせた。

一度、彼女の家にお茶を飲みに立ち寄ったときのこと。六畳二間が唐紙で仕切られていて、一つは夫の部屋、もう一つが彼女の部屋になっていた。

壁側にタンスを二棹並べ、その上に背広などを入れる箱が二段重ねで並んでいる。そうして、箱のこちら向きのサイドに「○夫葬儀」「○夫入院」、そして彼女の名前のものも同じように二つ、並べられている。

その箱の中には、葬儀に使うそれぞれの遺影用の写真と彼女が自分で縫った白装束も入っているということだった。病院用のものは、家族でなくてもその箱を開ければわかるように、かかりつけの病院名や、保険証の写しまで入れてあると、笑いながら説明してくれた。

こういう香山さんがなにかの集まりに出席するというと、私だけでなく、だれもが期待するものがあった。彼女からなにかを習うというか、年上の人の生き方を教えてもらえるという気がしたのである。話が面白いうえに、私より六、七歳年上なのに、そのときどきの状況に合わせての頭の切り替えのさわやかさに会うたびに感心させられる。私も含めてメンバーの女性たちは、私も年をとったら香山さんのようになりたいと思っていた。

その中でも、私がいつも尊敬していたのは、二十年以上のつきあいの間に、「主人がいるから、もう帰らなくちゃ」とか、「食事のことはなにもしない人なのよ。だから……」

などという夫についてのこぼし話を聞いたことがないということだ。

香山さんの夫は、彼女より十歳くらい年上である。彼は、香山さんの頭の回転の速さ、そのうえ、よいとなるとすぐに行動を起こすいさぎよさなど、女が見ていても輝いた魅力にほれこんで結婚なさったのではないかと思う。

彼女の夫はゆとりのある人柄らしく、何歳になっても若い娘のように自分がしたいことに突き進んでいく香山さんの輝きに惹かれているのだと私は思った。

そんな彼女の夫が仕事を引退し、体も少しずつ弱り始めたころ、「私たちは月に二回は温泉に、二、三日泊まりに行くの」と言っていたこともあった。

彼女はまだ現役で、着物の着付け教室の先生もしていたころである。それ以上は言わない香山さんだが、あきらかに少し弱ってきた夫を温泉に連れて行ってあげよう、という思いやりであるとともに、そうやって特別の時間を作ることで、夫と共に楽しむ時間と、自分の仕事のために使う時間のメリハリをつけるためだと私にはわかった。

そのころから、夫が昼間も家にいることが多くなるのに合わせて、彼女も仕事を少しずつ減らしているようにも見えた。

三年くらい前に、いつも和服姿の香山さんが、突然、洋服姿で現われたこともある。帽子までかぶり、その横から、カールした白髪がかっこうよく出ている。着物のときのヘアスタイルとはさま変わりである。洋服も、へんに気取ってはいないが、彼女の丸顔で目が大きめの、なんとはないかわいさが生かされている服であった。

それから彼女は、あんなに好きだった着物を一切着なくなった。

「私、着付け教室はやめたの。上等なものは全部、お教室の若い先生がたに使ってもらうことにしました。そして、こんなものを作り始めたの。楽しいわよ。今は、染料の使いやすいものを売っているので、ちりめんの布地など、どんな色にもなるのよ。花の色も、それに添える葉っぱの色も、好きな色に染められるから」

そう話しながら、その日出席した人に二つ三つずつ、布でつくった椿の花や、ちょっとした小動物のような、バッグの横に提げられる飾り物をくださった。

ところが昨年の十一月半ば過ぎ、彼女から喪中を知らせる葉書が送られてきた。七月にご主人を亡くされたのだとか。

たしか、九月にも十月にも、彼女に電話をしている。そのとき、いつものように「ご主人はお元気？」と、なんとなく聞いたように思うのだが、彼女は、本当の近親者以外には知らせずに、四か月経って、さらりと喪中の葉書を送ってきたのである。

私はしばらく考えたが、思い切って電話をした。するとご主人の亡くなられる前のことを少しずつ話してくれた。

ぎりぎりまで家にいてもらったのだけれど、もうこれ以上は家では難しいと医者に言われて、ご主人は入院されたとか。

「そのとき、久しぶりだけれど、ハグして（抱きしめて）くれたの」

香山さんのその言葉に、私は思わずこみ上げてきて、声がつまってしまった。

「入院する前も、足や腰がだるかったようで、さすってあげると、私の頬を手のひらでやさしくなぜてくれたの」

九十歳近い男の人が、長年連れ添った妻に対してである。

彼女が若いときから、本当の意味でご主人を愛し、彼女のやり方で大切にしていたことを私は知っていたので、その「ハグしてくれた」という彼女の言葉を思い出すたびに、私の心に響くものがあった。

ご主人もしあわせだったろうけれど、彼女も、そのつれあいと暮らせたことを、心からしあわせに思っていることがよくわかった。

そのとき、二十分以上も電話で話したろうか。振りかえって考えると、彼女とは二十年以上も仲よくしていたが、長電話をしたことがなかったと、あらためて思った。それくらい、合理的でスマートな人なのである。

電話の最後に、香山さんは言った、

「いろいろな後始末もだいたい終わったので、今月から曜日を決めて、◯曜日は水中ウォーキング、△曜日は転倒予防体操、×曜日は高齢者にもできるリズム体操に申し込んで始めているの」

夫を深く愛していたから、夫が逝った後も、ぐずぐずと悲しみを引きずらずに、もう前向きに進んでいる。

「来春になったら、私の家の近くまできてくださいね」

と、私は香山さんに頼んで電話を切った。

初めて香山さんに会って以来、会うたびに教えてもらったり、よい刺激を受けてきたが、夫との最後を、愛に満ちたものにした彼女の見事さには、もう一度彼女を尊敬しなおした。ご主人も最高の愛を彼女に示されたことに、ある種の満足を感じて逝かれたのだろうと、私は心の中で手を合わせた。

# 「おばあちゃん」と呼ばないで

一昨年の夏、私たちが泊まっていた宿は、ぜいたくなものではなかったが、従業員の人たちも、長逗留している私たちにとてもよくしてくれた。

食堂での様子を見ると、宿泊客は多いときで四十人くらいだった。働く人は女性の支配人、調理の責任者の板前さん、そして三十歳前後の女性二人（この人たちはマネージャーがいないときは、代理を務めている）、主婦らしいアルバイトの中年の女性が三人。そして、前年も働いていたが、今年大学生になったという若い男の子が一人。全部で八人が交替に休日をとって、食事の用意と片づけをしてくれる。

宿泊客もいろいろだが、長くて四、五日泊まりで、私たちのように五十日というのはまず見かけない。それだけに、細かいところをよくしてくれることはありがたかった。

そこで私たちの友人夫妻が私たちを訪ねて同じ宿に一泊した帰り、車で三十分くらいのところにある少し大きめのショッピングセンターに見送りがてら行くことにした。その中にちょっと評判のよいケーキ屋さんがあるので、宿の従業員の人にケーキを買ってこようと考えたのである。

出かける前に、廊下で会った従業員の一人に、「今日の夕方、キッチンで働く人はだれとだれ？」

生菓子だから保存もきかないので、そう尋ねた。

「板前さんとSさんと、それからおばあちゃんと……」

と、常勤の女性が言った。

おばあちゃんと呼ばれた人は、中年主婦のパートの一人で、Tさんのことらしい。小柄な人で、でも見たところ五十代だと思う。なにかにつけてやさしい人で、食堂で目が合うとにっこりと挨拶をしてくれる。私の推量なのだが、彼女の夕方の出勤日には、天ぷらが出ることが多い。それが少々冷えてもカラリとしている。おそらく彼女が作っているのではないかと思う。ともかく料理上手で、そのうえ働き者である。

それだけに「おばあちゃん」と呼んだ、常勤の女性の言葉に私は傷ついた。私のことを呼んだわけではない。おそらくその人も、小柄なTさんの目の前では、その言葉は使っていないだろう。

友人夫妻と出かけて、帰りにケーキを買い、宿に帰る車の中で、私は夫にその話をした。

「ひらり（私の孫娘）から、おばあちゃん、と言われれば、それはあたり前、私自身が、ひらりと話すとき「おばあちゃんが……」と自分で言っても、少しも違和感はないわ。でも、たとえば近所の人が、奥さんとか南さんと呼ぶかわりに「おばあさん」と呼んだら、たとえ丁寧に言われても、心の中で私はあなたのおばあさんではない、と思っちゃうわ」

夫が「ひらりちゃんのおばあさん、と言われればそれはいいけれどね」と私に同感しながら、「呼び方もいろいろだね」と言った。

その宿に泊まりにきてくれた友人夫妻の夫のほうのHさんは、私が二年前にある地方自治体の企画で講演をしたときに出席してくれて、それ以来のつきあいという関係である。妻のE子さんとも自然に仲よくなり、二年前のクリスマスには、四人でレストランで食事をしたこともある。

Hさんは、四人で話をしているとき、本当に自然な形で私のことを、「和子さん」と呼んでくれる。

二組の夫婦で話しているときだけに、日本的に「奥さん」と呼ばれるより、お互いにはっきりしていいて、私自身も年齢を忘れて素直に聞ける。とはいっても、私はなんとなく、Hさんのファーストネームは口にしなかったのだが。

あとから夫に、「あなたはどうしたの」と聞くと、「ぼくもHさんの呼び方にならって「E子さん」と呼んだよ」と、さらりと言った。

私はカナダに住んだこともあり、帰国後、いろいろな国の人たちと友人づきあいをしていたので、ほとんどの外国からきた友人とは、ファーストネームで呼び合っていた。

私がもっと若いとき、独身時代の終わり頃、だれかに「おばさん！」と呼ばれて「エーッ」とショックを受けたことがあるが、いつの間にか何十年か経って、他人に「おばあさん」と呼ばれることが起こってきたのだ。

日本だから、名字で呼ばれるのはよしとしても、それをもう一歩すすめて、高齢に向かいつつある人たちは、個人的に親しくなってきたら、男女にかかわらず、ファーストネームで呼び合うようにしてみたらとも思う。

たとえば、介護のヘルパーさんたちにもそうお願いしてみたらどうだろう。これから東南アジアの人も、介護のトレーニングを受けて少しずつ現場に入ってくる。そういうヘルパーさんが働いている高齢者のホームも増えつつあると聞く。

そういうとき、介護する人もそれを受ける人も対等であり、少しでもお互いに親しみを持てる関係ができるためには、名字ではなく、ファーストネームを使うほうがよいと思うのだが。

「エミーさん」「恵子さん」

こう書いてみると対等感もあり、ヘルパーさんたちに対してだけでなく、高齢者どうしも、ショートステイやデイケアでお互い名前で呼び合うほうが、親近感も湧き、結果として若返るような気がしませんか。

# たとえ一枚の葉書でも便りを書こう

手紙でも葉書でも、その友人のことを思いながら書く。それだけでも心がなごむ。それに加えて、その友人が私の書いたものを受けとって返事をくれたり、ときには電話をかけてくれたりする。するとその日一日、幸せな気持ちでいられる。

このように、いろいろな友人と、目に見えない糸で繋がっているような気持ちが持てるということは、年を重ねてきたものにとっては、何物にも替えがたい財産である。

また、書くということは、老化する頭にとって、とてもよいことである。便りを出すためには、文章を書くだけでなく、いろいろな手順が必要になる。

まず、使う便箋やら、ちょっとおしゃれな葉書も用意したい。

それから住所録を出して宛名を書く。すべて書き上げてからでも、外出のときに忘れずに持って出て、駅まで到着したときに忘れずに出す、ということまでしないと、相手のところに届かない。

率直にいって、メールのほうがずっと簡単だと思うときもある。でも、相手がパソコンも持たず、携帯電話を使ってのメールもやっていない場合、相手と連絡を取り合うには、電話をかけるか、手紙しかない。

それに、書く文章も、友人宛てだから気取ることはないが、こちらの気持ちが伝わってほしいと願って言葉を選ぶ。私はあまり形にとらわれず、その人が目の前にいて話しかけるつもりで書いている。だから季節の挨拶などは考えない。

若いときや、忙しく働いている間は、学生時代にそうとう親しくしていた人にさえ、せいぜい年賀状だけということも多かった。けれども、時間の余裕ができて、仕事がらみのつきあいが減ってきたとき、以前に住んでいたところで仲よくしていた友人などと便りを出し合うのは、本当に心がなごむ。

たとえ葉書一枚でも、手書きで近況を知らせてくれるのは、うれしいものである。

たとえばツアーで会った人とか、なにかの会に出席して、一緒のテーブルだった人となんとなく気が合って、どちらともなく葉書を送り、それが続いている、という友人もこの頃はできてきた。

こういう友人は、学生時代から続いている友人とはまた別の、なんのしがらみもない、あえて言えば、葉書友だちとでもいうのだろうか。

振り返ってみると、四十代の頃までは、子どももまだわが家に住んでいたし、夫はもちろんのこと、私も忙しく仕事などで走り回っていたので、こまめに葉書を書くということは少なかった。それさえも、礼状をひとこと出さなければ、というものが主であった。

だがやはり、六十代に入ってから心のゆとりができてきたからか、用事がなくても、ふと思いついた相手に葉書を書くようになった。

これから少しずつ体も弱り、なにかをしようという気力も衰えてくるだろう。そういうとき一枚の葉書をもらうのは、いま以上にうれしいだろうし、こちらからも、たとえ代筆でも返事が書けたらと願っている。

ベッドから起き上がれないくらいに弱ってきても、葉書なら枕元において、何度か読むこともできる。

今日も散歩の通りがかりに、郵便局に立ち寄って、新しい切手が出ているかのぞいてこようと思っている。

# 電話の効用

「パパ、多田さんから電話よ」

これは、三十年くらい前のこと。当時中学生だった娘が、日曜日の昼近く電話を受けたとき、夫を呼ぶ声である。

夫の友人、多田さんから一、二か月に一回、日曜日の同じくらいの時間に電話がかかってくる。

この声を聞いたわが家の家族みんなは、思わず笑い顔を浮かべながら、お互いにうなずきあって、それまで夫と食卓でおしゃべりをしていても、それぞれ立ち上がって自分の部屋のほうに行ってしまう。

それは、これから三十分以上も夫は多田さんと電話で楽しそうにおしゃべりをするということを、私も娘たちも知っているからである。

夫が長電話をするのは、その多田さんのときだけだし、電話が終わった後も、夫は本当にしあわせそうで、次の食事のときなどに多田さんから聞いた話を私たちにしてくれることも毎度のことなのである。

多田さんは夫の旧制中学校時代の友人で、それぞれ違う大学に入り、仕事も違う方面に進んで大人になっていったのに、結果的には、ときおりの長電話が途切れず何十年と続いたことが、友情を保ち続ける助けになっているのではとさえ思う。

いま七十歳を越えた私は、意識して、二日か三日にいっぺん、友人に急ぐ用事でない電話をかけるようにしている。

この前も、私と同じ年の江川さんの夫が急に入院して手術を受けるという話を別の友人から聞いた。

私は思わず電話の受話器を取り上げかけたが、止めにした。そして、葉書を出した。彼女とはお互い子育てで忙しいときから今日まで続いている特別親しい友人である。

江川さんの夫の入院のことを聞いて以来、彼女はどうしているだろうか、ご主人の手術はどうなったのだろうと思っていたが、私の現在の体では、なにひとつ手伝ってあげることができない。

そのうえ、彼女の夫の経過が良いにしろ、悪いにしろ、毎日病院に通っているだろう彼女は、疲れきっているだろうと考えた。

電話をかけるのを思いとどまって一週間がたったとき、別の友人から、江川さんの夫はあと二、三日で退院するらしいと聞いた。その日の夕方、食事が終わったくらいの時刻を見計らって彼女に電話をかけた。

「南さん、心配してくれてありがとう」

から始まって、江川さんは思ったより元気な声で話し始めた。

「あなたの葉書が一番うれしかった。やっと夫の病気も落ち着いて、来週退院するの。本当に一時はどうなるかと……」

と、入院したときの状況から始まり、手術をすることになってからの夫の病状をどんなに心配したかということや、それから三、四日して経過がよいことにほっとしたと思ったら、夫のわがままが出てきたことも、江川さんはせきを切ったように本音で話し始めた。ひとしきり話した後、彼女は、

「夫が急に入院して手術をして、毎日病院に行って疲れて帰ってきたとき、親戚や友人の電話の見舞いがあるのよね。そしてそれぞれの方がそれぞれの経験を話してくれ

るの。ありがたいんだけれど、電話って話し始めると長いのよね。寝るのが遅くなって困ったの」

さらに少し話して、やっと電話を切った。私の電話も長かったかもしれない。でも彼女の場合、夫が入院してすでに一週間経っている。夫の回復の道も見えてきていたので、私に話すことで、鬱積していたものを発散できた様子だった。タイミングよく電話することができてよかったと思った。

電話を切って時計を見ると、三十分近く経っていた。だが、この電話は彼女へのお見舞い代わりだし、私も彼女の元気な声を聞き、その夫の経過がよいと聞いてほっとしたので、その三十分は有意義だったと思った。

一般的に、特別の用事がないのに電話をかけるのは、常に相手が喜ぶというものではない。だからふだんは、たとえ何かの用件を伝えたり、返事をもらう必要があって短い電話をかけるときでも、電話がつながったとき、用件を話す前に、

「今、お出かけ前ではないの。大丈夫？」

などと聞くことにしている。そして、用件が終われば、一、二分ですぐに切るようにしている。

だが、私がかけた電話をきっかけに、相手がなんとなくおしゃべりを始めるときがある。そんなとき、予定していない長電話になりそうなら、冷たい感じを与えないように気をつけながら、こちらから話を拡げるような受け答えをしないようにする。

また、本当に私のほうに別の予定があって続けて話していられないときは、率直に話をさえぎって、「ごめんなさい。……の予定があるので、またこちらから掛けますね」と言って電話を切る。その場合は、電話をかけられる状況になったら、とくにこちらからは用事がなくても、私から電話をするように心がけている。

けれども、相手が話している途中でさえぎって切るのは、なんとなく後味の悪いものである。電話ではこういう微妙な状況になることは起こりうるので、最近は、ちょっとした用事はメールを使う人が増えているのは当然だと思う。

だが、メールをしない高齢の人にとって、電話は寂しさを慰めてくれる道具でもある。

たとえば、私と同世代かもっと高齢で、夫を亡くして二、三か月しか経っていない人や、老人ホームに一人で入居している叔母に、あるいは、なにかの集まりでその人が出席すると期待していたのに欠席した場合などに、私自身の時間の余裕があるときに心がけて電話するようにしている。

そういう場合、ほとんどは喜んでくれるが、電話というのは予告なく飛び込んでくるものである。だから、常に相手のほうが受けやすい状況だと思ってかけないほうがいい。最初に「今いい？」と断って、一、二分話してみて、声が少しずつ明るくなり、その人のほうから話を進めてきたら、二、三十分を予定して、おしゃべりをする。

最初に書いた夫の友人、多田さんと夫の長電話のように、何十年と続いた友情の温めあいのようなものは、どんなにITが発達しても、やはり顔も姿も見えないけれど声はきける、これまで使い慣れた電話がベストなのではないだろうか。

今日も、夫とたまたま多田さんの話をしていて、「そういえばずいぶん長い間、あなた多田さんに電話していないわね」という私の言葉に、夫は受話器をはずして電話をかけはじめた。私はいつものように、静かに席を立って別室に行った。

私も午後にでも、しばらく話していない、かつての中学校の同級生の北沢さんに電話してみようと思った。九州に住んでいる彼女とはなかなか会えないし、私の体はもう長距離の旅はできない。現在は彼女もなんとか元気にしているが、もう何回も電話でさえ話せなくなるかもしれない。

電話は使い方によって、お互いの心を温めあい、友情を育て、長続きさせるよい方法の一つであろう。けれども、かけるタイミングと、声から感じられる相手の状況を冷静に受けとめて、話す時間を考える余裕を持ってかけたいものである。

そして、一年一年と年をとって、私の話がぐちっぽく長くなりはじめたら、それは本当に私が老化していることなので、電話をかけることを止めることも心に刻んでおこうと考えている。

# 週に一度はイベント、一日は完全になにもない日に

私の体の調子は、六十歳のころを基準にすると、すべてにおいて半分くらいまでに機能が衰えてきたように思う。

目・鼻・耳についての感覚さえもそのように思うし、家から駅までの一キロメートルくらいの道を歩くのも、やっと足を前に出して歩いているという感じで、元気なころの半分くらいのスピードになっている。

普通に歩いている若い人や中年の人に追い越されて、見る見る後ろ姿が小さくなっていく。でも、だからと言っていらつくことはなくなった。最近は、小さくなっていく人を穏やかな気持ちで見送っている。

そんな状態でも、体に熱がない限り、一日に三十分は歩くようにしている。この二、三年を振り返ってみて、一歩も外を歩かなかったという日はないと言える。少々の天

候の悪さも、合い間を見て外出する。

そのおかげかどうか、今でも一週間に一回くらいは、最寄り駅から電車に乗って二、三十分で到着する電車のターミナルにある賑やかな街まで行くことがある。だいたいは友人とどこかの店で昼食を食べながらおしゃべりをして、帰りにその駅の近くで小さな買いもの、たとえばブラウス一枚とか、夫と二人で食べる名店街の菓子を二つ三つ、小さなリュックに入れて帰る。

本屋にも立ち寄ることもあるが、重いものは持てないので、本の題名や出版社を見てきて、あとでインターネットで注文したり、地域の図書館で借りたりしている。

けれども、この一年は、友人と会って昼食を食べることがあっても、その帰りに買いものはできなくなった。年齢につれて少しずつ体が弱ってくるのは否めない。

こうした私にとって、友人と会食をする程度の小さなイベントは生活のよい刺激にもなり、うるおいにもなっているのを夫もわかってくれて、そんなときは夫自身のスケジュールを調整して家から駅までの送り迎えをやってくれ、私が一人で外出するのを支えてくれる。

だが今は、そういうイベントがあると、その次の日はなにも予定を入れないようにしている。たとえ近所のファミリーレストランのようなところでも、だれかを誘っていくのは、楽しいけれど疲れる。だから、どんなに行きたくなるお誘いでも、続けて外出をしないように間隔をたっぷり取り、疲れをためないように心がけている。

逆に、近所の人などがちょっと立ち寄ってくれるときは、午後の昼寝の時間と重なるようなときでも、笑顔を見せて家に上がってくれるように頼む。外出さえしなければ、二、三十分の気を遣う必要のない友人の訪問は私の体力でも負担にならないし、本当にありがたい。そういう時にはもちろん夫にも声をかけ、一緒におしゃべりをする。

けれど一方で、「来週はどうなの」とか「来月また会いましょう」という予定は、確実には約束できなくなってきている。でも、相手の都合もあることだから、とりあえず「では○月○日○時ね」と約束する場合も、「もし具合が悪くなったら、電話するから許してね」とただし書きをつけている。

「具合が悪いな」と思っても「約束だから」と思って行くと、あとでとりかえしのつかないことになるのは既に経験ずみなのだ。

けれども、できるだけ約束は守りたいから、そういうイベントの予定があると、その日に合わせて、その前後は無理をしないようにする。プールのT先生にも言われたように、疲れをためたりしないように、危ないなと思ったら何もしないで一日ゆっくり休むことは、とても大切なのだ。

とはいうものの、運動やリハビリの合い間を縫って、一週間に一日か、十日に一回でも、楽しい時間を過ごす。まだそのことができる自分はつくづく幸せだと思うのである。

# 喫茶店の効用

私は、五十歳を越えてから、大学で教えるのも非常勤講師となり、仕事のための外出も毎日ではなくなってきた。

そのころから近所の喫茶店に出かけて、コーヒー一杯を前に、小一時間くらい書きものをするようになっていた。

そして今、七十代の半ばになってきたとき、喫茶店に行くということは、今までとは少し違って、別の効用があることがわかってきた。

活動的に、元気に暮らしている高齢者の人にはあえてお勧めしないが、私のように、軽い体操をしたり少しずつでも歩いたほうがよいとわかっていてもなかなかできない人にとって、自分に合った距離のところに二、三百円くらいで簡単なお茶が飲めるところを見つけると、毎日出かけるきっかけが作れるのだ。

もしも、家から現在の自分にとって少しがんばれば歩けるくらいの距離に、ファストフードのような店があるのなら、そこでお茶だけを飲むこともできる。もちろん牛乳があるのなら、それもいい。さいわい落ちついたムードのよい喫茶店があって、経済的にも「まあ、いいか」と思えるのなら、ぜひ一度試してみることをお勧めする。

私の場合は、とくに外出する用事がない日には、午前は少し遠い店へ、そして午後は三十分くらい昼寝をした後、午前に歩いた距離よりも少し近い店に行くようにしている。

無駄遣いを勧めるわけではないが、なにか目的を作って外に出て歩くきっかけを作ることはけっして無駄ではないと思う。私と違ってもっと速足で一時間くらい歩ける人は、いろいろな方向の喫茶店を探してみれば、ちょっとおいしい紅茶が飲める店とか、窓からの眺めがいいという場所も見つけられるかもしれない。

もちろん、その店に行くまでの道もいろいろ変えてみて、歩いて楽しい道を見つけたときはうれしいものである。

サービスをするお店の人が話しやすく、たとえ短い時間でもおしゃべりの相手をしてくれれば、それは高齢の私などには、とてもありがたい。

加えて、喫茶店に行くのは、運動のためだけでなく、さらにもう一つの効用がある。もし自分の家にいて、家族のいる人なら、おしゃべりをしたり、家の雑用を片付けたり、細かい用事などが無限にあるだろう。けれども、たとえ短い時間でも喫茶店で一人になって「今日はなにをしようか」ということから始まり、自分の頭の中を整理する時間を、一日に一回持つことは大切ではないかと思う。

子どもたちも結婚したり自立したりして、家には夫と二人とか、あるいは一人暮しであっても、外でそうした時間を持つのは、日常暮らしている家の中で机に向かうのとは大きく違う。

十分、二十分歩いて外の空気を吸った後に、日常とは違う場所で、自分ひとりのために用意してもらったお茶を前に、新鮮な気持ちで自分に向き合えるように思える。

しかも最近は、もう一つ別の効用があることを発見した。

それは、喫茶店の窓から見える人たちから、さまざまな人の暮しぶりに触れることができることである。

自転車の前と後ろにそれぞれ子どもを乗せて走っている母親風の人。女性二人で歩いている人でも、あれは友人どうしだろうなとか、母と娘だろうか、母と思われる人のなんと若く見えることか！　などいろいろ考えて、その人の暮しを想像してしまう。

午前中の窓から外を眺めていると、高齢の人の外出もよく見かける。

あきらかに八十歳は過ぎて、もしかすると九十歳になっている人かもしれない、横断歩道を横切って、右側が駅の入り口になっているガード下を、ゆっくりゆっくり杖をつきながら、一人の小さな体が進んでいく。ほとんど白く薄くなっている髪を、後ろで丸くまとめている。日曜日の十二時近く、比較的街も空いているときであった。私も五年もしないうちにあのようになるのかと思う一方、ともかくあれほどの高齢になって外出できることは幸せな人なのだとも考えてしまう。

家の近所にある喫茶店は、そういうふうに私にとって頭の中を一度落ちつかせるのに最適の場所である。

中年くらいまでは、広い公園まで行って、そこを一周して帰ってくることも多かったが、いまの私には無理である。喫茶店を目的地にするのは、歩くのに自分にちょうどよい距離を設定するのによい方法だと思っている。しかもそこでひと休みして、水分の補給をすることもできる。

年をとると、足や腰の状態が許せば、ともかく歩くことが大切だとよく言われる。

比較的元気な間は、商店街で一つ二つの買いものをするのを目的に歩いてもよいが、ちょっと腰をかけてひと休みしながらお茶一杯が飲めて、自分の家の中とは違った雰囲気の中で、ちょっと考えたり、窓の外を通る人たちの動きを通して他人の生活をちらっと見せてもらうのも悪くないと思う。

# 緑の下は涼しい

私の家は東京都内とはいえ、私たち家族が引っ越してきたときは、駅から家までの道の両側に畑や野原もまだたくさんあるところだった。それから少しずつ家も建ち、この十年は小型ながらマンションもいくつかできてきた。

わが家からは最寄りの私鉄の駅まで、私の足で歩いて十七、八分かかる。リハビリもあって、午前中家を出て、できるだけ駅まで自分の足で歩くようにしている。

もう三十年以上もその道を、ほとんど毎日のように自転車で、あるいは徒歩で通っていたはずなのに、今年はじめて発見したことがある。

駅まで行く道のちょうど真ん中あたり、家から七、八分歩いたところの左側に、樹齢四、五十年経ったケヤキの木が大きく一本立っている。春になると新芽をふき、いっせいに若葉が広がってきて、ふと気づくともう青々と繁っている。その木は、私たちが通りがかるたびに私たちを楽しませてくれている。

六月にさしかかると、わが家からそこまでたどりつく間、晴天の日は日差しが強く、まぶしいだけでなく、暑くてぐったりしてくる。ところが、そのケヤキの木の青葉の陰に入ったとたん、なんだか涼しい風が吹いてくるような、さわやかな空気の流れを感じてホッとするのだ。温度で二、三度は確実に低くなっていると思う。

腰を掛けるところはないので、少し歩みをゆるめて、その爽やかな風をしばし味わい、それから気持ちを新たにして、駅までがんばって歩く。

家に帰って夫にその話をすると、「ぼくもそれを感じていたよ。本当に木って素晴らしいね」と言う。

三十年以上、夫も私もその木の下を通っていたのに、そのことに気づいたのは、ほんのこの一、二年である。

七月中は草津に来て、午前中、宿から歩いて七、八分のところにある山のなかの遊歩道をほとんど毎日歩き、そこにあるベンチに腰掛けて緑を楽しんだ。

風がある日は、木々の間を通ってくるのでやわらかなそよ風になる。風のない日でも、なんとなく緑の葉を通ってきた、なんともいえない新鮮な空気の流れを感じる。

それを胸いっぱいに吸い、そして腹式呼吸で吸った空気を吐き出す。大きい深呼吸を二、三回すると、体じゅう洗われたような、心が満ち足りた気分になる。

なんともいえない涼しさ、新鮮さ。みんな周りの木のおかげである。

手前にある木の間から、その向こうに繋っている別の種類の木が見えて、さらにその向こうには、二〇〇〜三〇〇メートル離れているように見える深い緑に覆われた高い山が見える。

どこを見ても緑。理屈なく満ち足りた気持ちになる。

そして、ふと思い出した。

東京のわが家の近くに生える大きな一本のケヤキの木。

あの一本の木だけでも、夏の暑さを遠ざけて、涼しいオアシスを作ってくれるのだ。

三十年以上ほとんど毎日その下を歩いていて、その木があることは知っていたし、早春の芽吹き、そしてすぐに若葉となり、青葉となっていくのは楽しんでいたが、

「あっ、今日もこの木の下に来た。「木」とはなんと素晴らしい生きものだろう。たった一本の木が、その周囲を涼しくしている」

今年はじめてそういうことに気づいた自分にも驚いているが、年をとるということは、自分の身の周りに、静かにあるものに、目が向いて、それの心というか、自然の持つやさしさをもらって、そのありがたさがわかるということなのだろうか。

人間は、自然の摂理で生まれ、そして自分の役目が終わって、最後はまた自然に帰っていくのだと、その緑に接して思った。そして、それがわかってきたというのも、年をとったおかげであり、年をとる素晴らしさの表れなのだろう。

# 高齢になってからの夢

定年を迎える年齢になると、これまでやりたいと思いながらもできなかったことなど、自分の好きな趣味やスポーツをはじめる人が多い。

それが何であれ、条件的に可能なら、高齢になってから「ずっとこれがやってみたかったの」「今からでも上達したい」という新しい夢をもつことは、想像以上に生活にはりあいができる。

私の場合、小学生のころに三年間くらいピアノを習っていた。音楽は好きだし、ピアノを弾くのもやりたい。だが、ピアノは美しい音からは考えられないかもしれないが、想像以上に体力が必要である。強い音を出すときに、指先だけでなく、体全部で弾かなければならないのだ。

六十四歳で腰を痛め、寝たきりに近い状態から少しずつ動けるようになって六年ほどたったとき、カナダのバンクーバーに住んでいた日本人の友人が、久しぶりにわが家を訪ねてきてくれた。かれも病気を持つ身であった。

積もる話を夫ともどども話していたとき、ふと、

「実は、近くにチェンバロを作る人がいて、家内と相談して注文したのですよ。ぼくが帰ったころには出来上がっているでしょう」

と、言い始めた。私は、なにかひらめくものを感じ、夫に相談もせず、

「欲しいです。その人に私のものも注文していただけますか」

と、頼んだのである。

半年後、その楽器は出来上がり、カナダから運ばれてきた。

私はこれまで、チェンバロに触れたことはなかった。

外見はピアノと似ているが、木製の反響板の上に、ハープのような弦を張ってあって、昔は鳥の羽根軸を削った爪を使って音を出した（今は特別のプラスチックを使ってある）。前面にあるピアノのような鍵盤を押すと、その爪が弦をはじく仕組みになっている。その柔らかい響きはピアノにはないものである。それに、弾くのに体力を使うピアノと違って、軽く触れるだけで音は出る。

弾きはじめてもう六年になる。

弾かない日は一か月に一日もないと言ってよいくらい、毎日弾いている。だれに強制されるわけでもない。まして先生になるとか、人前で弾く目的は何もない。自分が弾きたいから弾くだけだ。ただそれでも、年をとってから始めたことで自分が上達していくことは、励みになる。

子育てをはじめ、仕事やら家族のために、毎日忙しくしていたころは、なかなか自分のために自分がしたいと思うことをする時間が取れなかった。定年前後の年齢になって、時間に余裕ができたとき、私のように、ふとしたチャンスにこれをやってみたいと思ったら、迷わずまず始めてみることを勧める。

「趣味」とは、自分の好みでするものだから、だれかに相談したりする必要はない。やってみて、思ったのと違うと思ったら、やめればよい。それで次々とチャレンジするものを替えていっても、それはそれで楽しいではないか。

三十年くらい前、カナダに三年間、夫の仕事で住んで、帰国してすぐのころ、近所に住むアメリカ人の宣教師の夫人と親しくなった。そのとき彼女が話してくれたことがある。

彼女の両親は、アメリカの開拓農民として西海岸に住み、父親が亡くなったあと母は立派に子どもたちを育てあげたという。その母は、年金の出る年齢まで働いたら、その後の十年間に、これまでやりたいと思っていた趣味を二年間ずつ五つやりたい、とかねがね娘たちに話していたという。そしていよいよその歳になって、現在は絵を描き、次には陶器を焼くのだと、楽しそうに次々チャレンジしているというのだ。聞いたときはまだピンとこなかったが、私も六十代半ばを過ぎて以来、この話をなにかの折に思い出す。

趣味はなにも習い事ばかりではない。

夫が定年になってしばらくして、私の女友だちがわが家にきて、夫にマージャンを習うことになった。それぞれ家庭を持つ健全な主婦だけに、これまで一度もマージャン牌《パイ》に触れたことがない人もいる。若いとき、ちょっとだけお正月などに親戚の人が来たとき遊んだことがあるという程度で、ルールもほとんど知らず、点数の計算もできないという人が主である。

それで一か月に二回、お昼過ぎから夕方まで。お金のやりとりは一切なし（もちろん月謝なし）。すでに六年も続いている。

メンバーの一人の中山さんは、そのうちにご主人の体が弱ってきて、入院などもあり、ご主人はとうとう亡くなられた。そんなことでしばらく来られないときはあったが、少し落ちつかれて再び参加している。

彼女は電車に一時間ほど乗って、わが家の最寄り駅まで来る。そこに夫が車で出迎えに行き、近所に住む参加メンバーも乗せてわが家まで、というわけである。マージャンだから四、五人というのも車に乗るのにちょうどよい。

夕方五時近くに終わって、持ち寄りのお菓子などを並べて、ひととき女のおしゃべりをして、六時前に夫がまた車で駅まで送る。

私は、学生時代に遊んだこともあり、時間も取られるので参加しない。お茶のときだけ、なるべく仲間に入れてもらい、今日の勝負の結果を聞くことにしている。

こういうグループでやる楽しみには、一人の習い事とはまた別の楽しみがある。

私の友人で、バドミントンを週一回楽しんでいる人が言っていた。

「南さんみたいに一人で楽器を弾くのもいいけれど、仲間とキャッキャッとしゃべりながらスポーツをすると、すっきりするわよ」

それは本当だと思う。けれども、スポーツと言われても、年齢や体力の限界もあって、できない人もいる。そんなとき、室内ゲームなら仲間もできる。

私の妹は六十代であるが、学校時代の友人と定期的に集まって、カード（ブリッジ）をしているという。ボランティア活動もよいが、こんなふうに月に何回か集まって、上下関係もなく、子どものように勝負を楽しむ別の仲間があるのも、悪くないのではないだろうか。

8

# 私たち夫婦がホームに入ると決めたとき

現在、夫は七十七歳。今のところ、血圧がわずかに高いという以外、ガンや糖尿病などの病気はなにもない。

夫のことだけを考えると、いざというとき介護をしてもらえるホームに入る必要は少しもないのかもしれない。

だが、私たちがホームに入ることを考えたのは、今から十数年前にさかのぼる。

何度も書いているように、私は十二年前、六十四歳のときに腰を大きく痛めて、三か月くらい寝起きもつらい状態にあった。それから少しずつ歩けるようになってきて、半年ほど経ったときのこと。近所に住むある在日外交官夫人のお茶の会に招かれた。そこにカソリック教会のシスター（修道女）が、同じように招かれていた。

その人が内田さんで、たまたま隣りの席になり、お互いに自己紹介しあった。話しているうちに、彼女はこの近くの有料老人ホームの責任者（施設長というポスト）であることがわかった。

私が腰を痛めて以来、家事をするのが難しくなってきていたので、そのホームの話に、私はおおいに興味を持った。

当時、ホームに消極的だった夫を説得して、とりあえず一日、体験入居をさせてもらうことにした。私の両親が六十代半ばで入った熱海のほうにある有料老人ホーム以外、それまで私たち夫婦はどこもそういう高齢者用のホームを見たことがなかったからだ。

一泊に必要な最小限の荷物を持って体験入居をしてみた。私たちが使わせてもらった部屋は、八畳くらいの洋間にシングルのベッドが二つ並んでいるほかは、ほとんど余裕がない広さだった。夕食と朝食を食べて帰宅したとき、夫はすぐに、

「あんな狭い部屋に二人で入居して、一日の半分以上を二人で顔を突き合わせて暮すのはいやだ。食事はぼくには十分おいしかったし、施設長の内田さんをはじめ、食堂などで会った職員の人たちの感じもよかったし、それ以外のことも、いやなことはなかったけれど、ぼくは入居しないよ。

どうしても和子が入りたかったら、一人で入りなさい。これまで三十年以上も住んでいるこの一軒家に、ぼくは死ぬまでいるよ」

と言った。

私は、施設長の内田さんに会いに行き、自分の状況を正直に言って相談した。今は無理でも、もっと先で入ることはできないかと考えたのである。

だが、「このホームは、現在平均年齢が非常に高くなってしまったので、例外を作らず、六十五歳以下の健康な方のみ、入居してもらうことに決めているのです」

と、言われてしまった。

夫はそのとき六十五歳にあと四か月という状況だったので、私としては泣く泣く入居を断念することになった。

「和子さんも、いまは腰が治りきらない状態であるとはいえ、リハビリをなされればまだお若いのだから……。私としては、南さんご夫妻が入居なさらなければ、たんなる友人としてお会いできるわけですから、かえってよかったと思っています」

内田さんは、私への慰めと力づけに笑いながらそう言ってくださった。

それから十年くらいが経過した。私の腰の状態は、ひところはよい方向へ進んだが、やはりこの数年は毎年少しずつ悪いほうへ向かっている。

とくに三度の食事の用意は、台所に立って自分の手で作るのは、ほとんど不可能にまでなってきた。

朝食はパンと牛乳、フルーツですませても、昼・夜については、一食は近くのおふくろ定食風のところ、もう一回は冷凍食品かコンビニ弁当風のものになり始めていた。

そして今から二年前の春に、家から歩いてほんの二、三分のところに有料老人ホームが新しく建った。それをきっかけに、夫とまた有料老人ホームに入居する話が再燃してきた。

夫が長期入院するとか、家事ができなくなり、私の介護もできなくなったら、私はいやでも一人では暮らせない。私としては、どこか食事を用意してくれて、私の体の状況ではできないことをやってくれるところに、お世話にならなければならなくなる。

だから家のすぐそばで、手押し車を押したり、場合によっては、電動車椅子を使ってでも、現在すんでいる家から数分で行けて介護をしてくれるところがあれば、そこに入りたい。そうすればしばらくは夫と二人、これまで住んでいた家に歩いて毎日通える。病気をしたり、歩くのが少しずつ不自由になってはじめて、そのケア付きのホームで本格的に暮らすことにすればいい……。

それで夫と二人、そのホームを見に行った。

出来上がって一か月もたっていないホームなので、見た目には美しく、清潔である。全員が入居すれば一一〇名という三階建てで、モデルルームを三つ四つ見せてくれた。だが本当に入居している人の部屋ではないので、ベッドはそれぞれ置いてあるが、ほかは何も置いていない。小さなクローゼットが作り付けになっているだけである。クローゼットは半間幅で両開きのドアを開けてみると、ハンガーを引っかけるパイプは背の高い夫が背伸びしてやっと届く高さ。奥行きも洋服の幅の三分の一くらいしかない。だからハンガーに掛けた服を三、四着斜めにかければいっぱいという、本当に親切心のない作りであった。引き出しらしいものさえ一つもない。

この広さでは家具が置いてなくても、「狭い！」と思う。病院の一人部屋で、小さなトイレだけが付いているというほうが分かりやすい。もちろん浴室もない。けれども狭いのはホームに入る以上しかたがないと、夫も私も考えた。

とは言っても、なにか一つひとつに親切心がなく、私たちの感覚になじまない。

たとえば、一階の入り口近くに広い食堂があった。私たちが訪ねたときには、午後三時ごろだったこともあり、一人の女性が食堂の片隅においてある大画面のテレビを観ていた。

それを見て思った。食堂にテレビがあるということは、食事中もテレビがガンガンと大きな音でつけっぱなしになるということである。私たち夫婦は、そういう自分の自由を束縛される共同生活には耐えられないに違いない……。

これを見て、終《つい》の棲家としてホームを選ぶとき、たとえ設備や食事などには折り合いがついていても、そこの経営者の方針が私たちがどうしてもこだわっていることと一致しなければダメなのではないかと思い始めた。「たかがテレビ」ではなくて、そういうものの考え方が私たちと違うと感じてしまうのだ。

また、前に書いた、叔母が入っていたホームのように、いっさい外出禁止で近所を散歩することすらできないというのも困る。

住居スペースを広くほしいと思うのは、私の両親がほぼ三十年前に入居していた有料老人ホームと比べてしまうからかもしれない。そのホームは、わが家から車でも電車でも三、四時間かかるところにあった。つまり、広く住みたいと思うなら、現在住んでいる家から離れればいい。そうすれば自然が多いところに住むこともできる。

両親がいたホームでは、温泉がついていて、いつでも大浴場が使える。そのうえ、部屋から海が見える。ホームからタクシーで熱海駅まで行き、新幹線を使えば、東京駅まで一時間あまりで行ける。それも考えて、父はそこを選んだようだった。そのホームは原則として六十歳以上の健康な人という入居条件だったので、両親はかれこれ三十年近く入っていたが、そのホームの居住性や働く人たちの態度などについて、妹と私に一度もこぼし話はしなかった。気に入って住んでいる様子でもあり、自分の選択に責任を持つ気持ちもあったのだろう。

広めの六畳の和室。それに続いて南側に幅一間のベランダ風サンルーム。加えて北側に玄関というか出入り口のある三畳程度のスペースがあり、その片隅に小さな台所風の流しと電気ヒーター、反対側に小さな風呂場、そしてトイレとほんの小さな手洗い場がついていた。六畳の和室には、布団や押入れダンスが入る一間の押し入れもあった。

食事については、夕食にいつも新鮮な刺身と酒の肴《さかな》風のおかずがついて、そのほかにメインの魚か肉、汁物、ご飯とあるそうで、父はいつもほめていた。

私の両親の場合、原則として健康であることが入居条件だったということは、外出、外泊は自由だし、大浴場も部屋についている風呂も自由にいつでも使えた。車椅子で動いている人もめったに見かけることはなかった。もちろん、おむつ装着が原則というこことはなかった。

今でも、東京から離れたところや、入居金も含めて毎月の経費がそうとう高価なところは、自由度も高いのであろう。けれども、最近開設したホームの中には、風呂は一日おきとか、一週に二回という話も聞いたことがある。

また、ある友人の話であるが、ある程度の住居スペースと緑の多いところという条件を望み、これまで住んでいた家からそうとう離れたところの有料ホームに入ったものの、やはり慣れない土地での暮しは想像していたのと違い、また以前の家の近くに戻った老年のカップルがいるそうである。どんなに条件のいいところでも、その人たちにとっては慣れ親しんだ土地以上のところはなかったのかもしれない。

特定の身内とか友人から遠く離れるというだけではなくて、恵まれた住環境よりは、身内や友人が小一時間くらいで訪ねてこられる距離のほうが大切だ、というのがその人たちの結論だったという。それに、なんとはない小さな店とか、お茶や軽いランチが食べられる店も含めて、慣れた街並みから遠くなるのも寂しく感じたのであろう。

こうして、私の腰の状態のよいとき、ほかのホームの見学も始めた。そうしている うちに少しずつ、夫と二人のホームの選択条件の順位が変わってきた。部屋の広さよ りは、ホームの経営方針に納得できることや不必要な規則でしばられないことが大切 だと思い始めたのである。それとともに、できることなら、これまで住んだ生活環境 になるべく近いことも、望ましい条件の一つだと気がついてきた。

ちょうどそのとき十年以上も前に私が入居したいと思ったホームの施設長の内田さ んに久しぶりに会った。そして、私たちがあらためてホームを探し始めているという 話をすると、内田さんは、

「あらよかった。実はいろいろあって、今は前にお話しした六十五歳以上の人はお断 りするという条件はなくなりました。南さんさえよかったら、お入れしますよ」

と、にこにこ笑いながら言ってくださった。その時点で夫は七十六歳になっていたし、 私の腰もそうとう弱くなっていたので、夫の考えも以前とは変わってきていた。

そこで改めて、できれば入居したいという方針で内田さんの話を聞いた。

内田さんは入居したいという人に、次の六つを守ってほしいと言った。

「自立・良識・品位・自由尊重・プライバシーや文化を大切にすること、そしてゴシップに興味を持たない」

これだけ読むと、ホームに入る条件としていささか抽象的に聞こえるかもしれないが、何か所かのホームを見てきて、いろいろな人の意見や体験を聞いた私たちには、その一つひとつが本当の意味で大切だということがわかった。

そのうえ、このホームは、いま住んでいる家から私のゆっくりした歩き方で三十分のところにある。車なら五分とかからない。だから友人・知人との仲も切れないですむ、という点も条件を満たすことになった。

十二年前に、老人ホームへの入居は絶対いやだと言った夫も、部屋の広さよりは大切なものがあることをわかってくれたようである。

そこで私たちはそのホームに入居させてもらうことに決めた。

入居を決めてからそのホームに行ってみると、たしかに部屋は狭いが、パブリックスペースというか、玄関のロビーだけでなく、各フロアーに長椅子やソファーを置いたラウンジという空間もあり、図書室や入居者の人たちが何人か集まってお稽古事などに使える集会室もある。こういう部屋や空間も、大切な部分なのだと気がついた。

そして現在、私たちはそのホームで暮らし始めている。自分の家で二人で暮らしていた今までとは違った共同生活。それがどんなものになるかは、またこれからの話である。

# あとがき

この本の前に出版した『暮しの老いじたく』では、六十歳を越えたときを人生の区切り目と考え、早めに老いの準備をと書き始めた。けれども現実には、変化は突然に、急な坂道を駆け下りるようにやってきた。

骨粗鬆症と医者に言われながら、毎日のように重い書類や本を持って外出し、最後にひどい腰痛が起こって、起きることもできなくなったこともその一つである。

本文中でも書いたように、その腰痛からは回復することができず、私は大幅な生活の変化を迫られたが、逆に体が利かなくなったからこそ見えてきた側面がたくさんあった。

前著『暮しの老いじたく』では、そのような私の体験を踏まえ、トイレや浴室など住居をどう変えるか、高齢者のための道具をどううまく使うかなど、できるだけ具体的に記述したつもりである。

しかし、七十代に足を踏み入れてみると、それまで以上に生活のすべてがスローになってくる。七十代からの生活は六十代とは違うのだ、としみじみ思うようになった。

だから今回の本では、やがてやってくる「老い」という変化に向けて準備をするというよりは、深まりゆく老いをどう受け止め、具体的にどうやりすごして変わらぬ日常を維持するか、そのくふうを書いていったつもりである。

この本を書くときに、もっとも役に立ったことは、老いの深まりの中で暮す私を支えてくれた親しい友人、身近な知人、ときには、通りすがりの人の思いやりからヒントをもらったことであった。

そして最後に、温水プールで指導をしてくださったT先生、この本に使った写真を提供してくださった水川繁雄さん、ブックデザイナーの金田理恵さん、そして相当の時間を割いて相談に乗り、編集をしてくださった筑摩書房の藤本由香里さんに、心から感謝します。

二〇〇七年二月

南　和子

# 文庫版あとがき

　この本は、私が書いた《老い》についての二冊めの本である。

《老い》についての最初の本、一九九九年末に出した『暮しの老いじたく』の前書きに、「年をとるということはゆるやかな坂を少しずつ下っていくようなものか」と書いている。

　そしてまた、「変化は突然に、急な坂道を駆け足で下るようにやってくる、と思い知らされ……」と、続けている。

　老いの暮しをしている方なら、どちらの言葉もきっと共感してくださるのではないかと思う。

　私は医者でもないし、高齢者の施設で働いたこともない。

ただ単に、自分自身が二十年前に、骨粗鬆症と、腹筋、背筋の弱りからくる腰痛に苦しんだことから、自分の生き方を変え、住居のリフォームや生活の道具を見直すことになった。そのことについて書いたのが、一冊めの『暮しの老いじたく』だった。そして今回、二冊めの《老い》についての本も文庫にしてくださることになった。ほぼ三年前に書き上げたこの本を読み直してみると、幸いなことに、体の状態や考え方、周りの状況もほとんど変わっていない。

ひとつには、その三年の間に、私は大きな病気にかかっていないこともあるだろう。加えて、共に住んでいる夫も、同じように、入院・手術の必要がある病気やけがをしていない。

変わったことといえば、本を書いていた終わりごろ、自宅から二キロメートルのところにある有料老人ホームに入居したが、すでにそれから四年近くが経ったことだ。今のところ、自宅はそのままに置いて、仕事場兼友人とお茶を飲む場所として使っている。ホームは、寝室と三食を食べるところになっている。

いずれは、自宅を整理して、ホームだけで暮らすことになるだろう。

ある意味では、贅沢で、無駄な暮し方かもしれないが、年寄りにとっての環境の急激な変化を避けての私たちのやり方である。

とりあえず、私は、高齢に向かっているが大きな病気には苦しんでいない。

若いときや中年の暮し方とは違ってきていて、現在は、一日の時間の中で、睡眠、食事、生活に必要な雑用をする時間を除くと、残りのほとんどは、歩くことを中心にしたリハビリの運動のために使っている。

私の場合、仕事といえば、本や雑誌に載せる原稿を書くことで、自分のしたいこと（仕事）に使う時間は、以前と比べるとわずかになっている。

ホームで三食を出してもらっているので、食事作りに関しての、買いもの、クッキング、その後片付けの時間も必要ないことは、自立して暮している人とは違う。

高齢者といっても、人それぞれ、体調、経済力、環境、共に暮す家族がいるかどうかなど、条件はさまざまである。

私の生き方が、どれほど読者のご参考になるかは分からないが、恥ずかしい部分も正直に、あるがままに書いたつもりである。

読んでくださる方に、少しでもお役に立つ部分があることを願っています。

なお、この文庫本のオリジナルは、二〇〇七年に同じ筑摩書房から出版していただいた。今回、文庫にするに際して、筑摩書房編集部の磯部知子さんにいろいろお世話になったことを感謝しています。

二〇一〇年三月

南　和子

本書は二〇〇七年に筑摩書房より刊行された。

暮しの老いじたく　南和子
老いは突然、坂道を転げ落ちるようにやってくる。その時になってあわてないために今、何ができるか。道具選びや住居など、具体的な50の提案。

老人力　赤瀬川原平
20世紀末、日本中を脱力させた名著『老人力』と『老人力②』が、あわせて文庫に！　ぼけ、ヨイヨイ、もうろくに潜むパワーがここに結集する。

不良定年　嵐山光三郎
定年を迎えた者たちよ。まずは自分がすでに不良品であることを自覚し、不良精神を抱け。実践者・嵐山光三郎がぶんぶんうなる。（大村彦次郎）

わたしの日常茶飯事　有元葉子
毎日のお弁当の工夫、気軽にできるおもてなし料理、見せる収納法やあっという間にできる掃除術など。これで暮らしがぐっと素敵に！（村上卿子）

これで安心！食べ方事典　阿部絢子
農薬が心配な野菜・果物、添加物や汚染の心配な肉・魚・加工品を自分の手で安全にする簡単な方法満載。保存法、選び方もわかる。一家に一冊！

倚りかからず　茨木のり子
もはや／いかなる権威にも倚りかかりたくはない……話題の単行本に3篇の詩を加え、高瀬省三氏の絵を添えて贈る決定版詩集。（山根基世）

一本の茎の上に　茨木のり子
「人間の顔は一本の茎の上に咲き出た一瞬の花である」表題作をはじめ、敬愛する山之口貘等について綴った香気漂うエッセイ集。（金裕鴻）

湖のそばで暮らす　M・ウィルキンス　蓮尾純子／東馨子訳
アウトドアライフとハンドクラフトの豊富な知識と経験が詰め込まれたエピソード集。LOHASの原点がここにある。（遠藤ケイ）

Land Land Land　岡尾美代子
旅するスタイリストは世界中でかわいいものを見つけます。旅の思い出とプライベートフォトをA(airplane)からZ(zoo)まで集めたキュートな本。

がんを防ぐセルフ・ヒーリング　帯津良一監修　井上朝雄編著
がん予防と再発予防のために自分でできるケア。代替療法を取り入れた治療で有名な帯津医師の紹介する、気功、呼吸法、びわ温灸等7つの方法。

**メイク・セラピー**　かづきれいこ
30歳過ぎたらリハビリメイク！　シミ、シワなどエイジングのために。そして、傷やヤケド、アザ等に悩む人のために。心と顔を元気にする名著。

**整体から見る気と身体**　片山洋次郎
「整体」は体の歪みの矯正ではなく、歪みを活かしてのびのびした体にする。老いや病はプラスにもなる。滔々と流れる生命観。よしもとばなな氏絶賛！

**むかし卓袱台《ちゃぶだい》があったころ**　久世光彦
家族たちのお互いへの思い、近隣の人たちとの連帯はどこへ行ってしまったのか。あのころは確かにあったものの行方を探す心の旅。（筒井ともみ）

**FOR LADIES BY LADIES**　近代《こだい》ナリコ編
女性による、女性についての魅力的なエッセイの数々から「女性と近代」を浮かび上がらせる、「おんなの子論」コレクション。

**身心をひらく整体**　河野智聖
パソコンによる目や頭の使いすぎで疲弊した身心を解放し健康になる方法。野口整体や武術を学んだ著者による呼吸法や体操。（安田登）

**神も仏もありませぬ**　佐野洋子
還暦……もう人生おりたかった。でも春のきざしの蕗の薹に感動する自分がいる。意味なく生きても人は幸せなのだ。第3回小林秀雄賞受賞。（長嶋康郎）

**整体的生活術**　三枝誠
人間の気の回路は身体の内側にのみあるわけではない。健康に生きるため何と関わって生きるかを選ぶことの必要性を説く。巻末寄稿＝甲野善紀

**追悼譜**　佐高信
作家、役者、歌手、政治家、経営者等41人への追悼の書。文庫化にあたり4人への追悼文と単行本未収録の「父のうた」を収録。（田中優子）

**寄り添って老後**　沢村貞子
長年連れ添った夫婦が老いと向き合い毎日を心豊かに暮らすには――。浅草生まれの女優・沢村貞子さんの晩年のエッセイ集。（森まゆみ）

**ちよう、はたり**　志村ふくみ
「物を創るとは汚すことだ」。自戒を持ちつつ、機へ向かうときの沸き立つような気持ち。日本の色への強い思いなどを綴る。（山口智子）

**うつくしく、やさしく、おろかなり**　杉浦日向子
生きることを楽しもうとしていた江戸人たち。彼らの紡ぎ出した文化にとことん惚れ込んだ著者がその思いの丈を綴った最後のラブレター。（松田哲夫）

**徘徊老人の夏**　種村季弘
行ったきり、も悪くない。むかし住んだ街やひなびた温泉街の路地の奥には、現実と虚構の錯綜した種村ワールドが待っている。（石田千）

**味覚日乗**　辰巳芳子
春夏秋冬、季節ごとの恵み香り立つ料理歳時記。日々のあたりまえの食事を、自らの手で生み出す喜びと呼吸を、名文章で綴る。（藤田千恵子）

**味覚旬月**　辰巳芳子
料理研究家の母・辰巳浜子から受け継いだ教えと生命への深い洞察に基づいた「食」への提言を続ける著者がつづる、料理随筆。（藤田千恵子）

**お茶のソムリエの日本茶教室**　高宇政光
知らなかった日本茶がこんなにいっぱい?!　さまざまな緑茶の、味、おいしい淹れ方選び方、楽しみ方を伝授する。日本茶力テストつき！

**人生を〈半分〉降りる**　中島義道
哲学的に生きるには〈半隠遁〉というスタイルを貫くしかない。「清貧」とは異なるその意味と方法を、自身の体験を素材に解き明かす。（中野翠）

**生きるパワー　西野流呼吸法**　西野皓三
身心の生命力を引き出し、若さと元気をみなぎらせる西野流呼吸法。その基本を七つの法則で伝える恰好の入門書。体験談＝貫和敏博・片岡洵子

**風邪の効用**　野口晴哉
風邪は自然の健康法である。風邪をうまく経過すれば体の偏りを修復できる。風邪を通して人間の心と体を見つめた、著者代表作。（伊藤桂一）

**介護と恋愛**　遙洋子
NYの恋人から「帰国する、君に会いたい」という電話があった矢先、父のボケが始まった。深刻、でも笑える、恋と介護の怒濤の日々。（上野千鶴子）

**東洋医学セルフケア365日**　長谷川淨潤
風邪、肩凝り、腹痛など体の不調を自分でケアできる方法満載。整体、ヨガ、自然療法等に基づく呼吸法、運動等で心身が変わる。索引付。必携！

**風邪はひかぬにこしたことはない**　林　望

たかが風邪と侮る勿れ！　若いころから風邪による大きなダメージをうけてきた著者が経験を基に編み出した徹底的風邪対策。風邪予防は万病予防。

**私の幸福論**　福田恆存

この世は不平等だ。何と言おうと！　しかしあなたは幸福にならなければ……。平易な言葉で生きることの意味を説く刺激的な書。（中野翠）

**野菜の効用**　槇佐知子

ゴボウは糖尿病や視力回復に良い、足腰の弱い人はゴボウと鶏肉の煮込みを。普段食べている野菜を上手に使って健康な体を！（永井良樹）

**三島由紀夫レター教室**　三島由紀夫

五人の登場人物が巻き起こす様々な出来事を手紙で綴る。恋の告白・借金の申し込み・見舞状等、一風変ったユニークな文例集。（群ようこ）

**家で死ぬのはわがままですか**　宮崎和加子

トイレへいきたい、自宅の風呂に入りたい……介護を受ける人の希望はわがままだろうか？　在宅ケアの取り組みを現場から綴る。（大熊由紀子）

**モモヨ、まだ九十歳**　群ようこ

東京で遊びたいと一人上京してきたモモヨ、九十歳。好奇心旺盛でおシャレな祖母の物語。まだまだ元気な〈その後のモモヨ〉を加筆。（関川夏央）

**生きて死ぬ私**　茂木健一郎

人生のすべては脳内現象だ。ならば、この美しくも儚い世界は幻影にすぎないのか。それとも……。新たな世界像を描いた初エッセイ。（内藤礼）

**生きるかなしみ**　山田太一編

人は誰でも心の底に、様々なかなしみを抱きながら生きている。「生きるかなしみ」と真摯に直面し、人生の幅と厚みを増した先人達の諸相を読む。

**あなたの話はなぜ「通じない」のか**　山田ズーニー

進研ゼミの小論文メソッドを開発し、考える力、書く力の育成に尽力してきた著者が「話が通じるための技術」を基礎のキソから懇切丁寧に伝授！

**われわれはなぜ死ぬのか**　柳澤桂子

われわれの遺伝子には、なぜ死が組み込まれたのか――生命科学者が死の誕生と進化をたどり、生と死の意味に迫る。死生観を揺るがす衝撃の書。

ちくま文庫

# 老《お》いを生《い》きる暮《くら》しの知恵《ちえ》

二〇一〇年五月十日　第一刷発行

著　者　南和子（みなみ・かずこ）

発行者　菊池明郎
発行所　株式会社　筑摩書房
東京都台東区蔵前二―五―三　〒一一一―八七五五
振替〇〇一六〇―八―四一二三
装幀者　安野光雅
印刷所　三松堂印刷株式会社
製本所　三松堂印刷株式会社


筑摩書房サービスセンター
埼玉県さいたま市北区櫛引町二―六〇四　〒三三一―八五〇七
電話番号　〇四八―六五一―〇〇五三

ISBN978-4-480-42712-0 C0177